U0111676

大展好書　好書大展
品嘗好書　冠群可期

大展好書　好書大展

品嘗好書　冠群可期

武術特輯

7

實用雙節棍

吳志勇　編著

大展出版社有限公司

編委會名單

主　編 江百龍

副主編 張繼生　　梁亞東　　梅漢超

編　委 張繼生　　華　樺　　吳志勇
　　　　　梅漢超　　梁亞東　　戴小平

前　言

　　中外搏擊運動項群內容豐富、形式多樣，見之於世界競技運動大雅之堂的就有中國散打、泰國泰拳、韓國跆拳道、日本柔道、西洋拳擊以及民間推崇的中國跤術、擒拿術等。

　　近年來，跆拳道、柔道、拳擊已被列為奧運會正式比賽項目，其他項目也已步其後塵，風靡世界各地。道館、拳社、俱樂部如雨後春筍，各類賽事爭相鬥艷，競技場上的較技、民間的鬥智較勇給人們生活帶來了無窮的樂趣。搏擊運動亦逐漸成為人們強身健體、修身自衛的重要習練手段。

　　中外搏擊運動項群是各國人民在長期的生產實踐、戰鬥實踐、健身實踐中總結出來的變幻奇特的技擊精華，是世界搏擊技藝的智慧寶庫。

　　實踐證明，系統有序地長期習練，既可陶冶情操，培養勇敢頑強的意志品質，亦可增強體質，掌握防身自衛的搏擊技能，特別是其中的計謀方略，蘊含著深邃的哲理，對人的生存和發展，甚至家庭、生活、事業都有不可估量的積極和深刻的影響，因此，深受群衆喜愛。

據有關資料統計，喜愛中外搏擊運動項群的青少年占調查對象的 41％以上，男性青少年占到 60％左右。可見推廣搏擊技藝是群眾之所需，亦是實施我國「全民健身」國策的重要任務之一。

　　《實用雙節棍》技術、理論精選合理，重點突出；圖文並茂，簡單易學，是廣大業餘愛好者看圖索驥、自修自練的最通俗的讀本。我衷心地祝願該書能給廣大讀者帶來健康和安全的福音。

　　限於編者的水準，書中謬誤之處，誠盼專家和讀者不吝賜教。

江百龍

目 錄

概　述 ……………………………………………… 7

　一、雙節棍的起源與發展 …………………… 8

　二、雙節棍的功能及特點 …………………… 10

　三、雙節棍習練的目的和效果 ………………… 12

雙節棍的基本知識 ……………………………… 17

　一、雙節棍習練的基本要求 ………………… 18

　二、如何自學雙節棍 ………………………… 21

　三、雙節棍的保養與護理 …………………… 23

　四、雙節棍的有效攻擊部位和打擊方法 ……… 24

　五、雙節棍擊打的力學原理 ………………… 33

　六、雙節棍的圖解知識 ……………………… 36

雙節棍基礎訓練 ………………………………… 41

　一、雙節棍的準備活動 ……………………… 42

　二、雙節棍體能訓練 ………………………… 52

　三、雙節棍內功修練 ………………………… 73

雙節棍的基本技術 ················· 93

一、雙節棍基本握棍法 ············· 94

二、雙節棍揮動的途徑 ············· 95

三、雙節棍的攜棍出棍技法 ········· 96

四、雙節棍的步法移動技巧 ········· 98

五、雙節棍的戒備姿勢 ············· 104

六、雙節棍的棍招技法 ············· 108

七、雙節棍舞棍技法 ··············· 118

八、雙節棍收棍技法 ··············· 138

九、雙節棍訓練方法 ··············· 142

十、雙節棍實戰技法 ··············· 149

雙節棍的基本戰術 ················· 169

一、雙節棍破敵器械要旨 ··········· 170

二、雙節棍攻擊策略 ··············· 173

三、雙節棍攻擊技巧 ··············· 180

四、雙節棍戰術運用 ··············· 188

雙節棍棍招經典組合 ··············· 195

概　　述

武道之極致：簡單、自然、直接、強勁。

——李小龍

一、雙節棍的起源與發展

(一) 雙節棍的起源

傳說雙節棍是南宋開國國君宋太祖趙匡胤創始的，原稱盤龍棍（圖 1-1）。它分為大盤龍棍（近代北方又稱大梢子）和小盤龍棍（小梢子）。

大盤龍棍在技擊上除了有棍的掄、劈、截、撩、舞的特點外，同時還有獨特的搖、掛等技法。小盤龍棍又稱小梢子棍，有雙打，或單練，更可配合其他器械使用，如單刀，藤牌等，主要技法有點、抽、彈、掃、纏、拉、捉、敲、打等，現今傳習此械有山東螳螂門及精武少林派。但當時的大盤龍棍一端較短，一端較長，專用來掃擊敵軍馬腳，破甲兵或硬兵器類，使之喪失戰鬥力。

圖 1-1

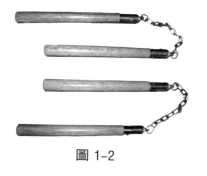

圖 1-2　　　　　　　　圖 1-3

　　後來這種兵器由南傳至菲律賓，由東傳至日本。
由於歷史的變遷，雙節棍被改為現在的樣子：全長 72
公分，棍身每節約 30 公分，中間有一鐵鏈或尼龍繩連
結，長約 12 公分。這就是標準的 72 公分的雙節棍
（圖 1-2），區別於傳統的大小盤龍棍。

　　隨著時代的發展，目前雙節棍的式樣越來越多
（圖 1-3），質地有木質、鋼質和橡膠等，長度約 84
公分或 62 公分或 42 公分不等，並且逐漸向經濟適
用，小巧玲瓏的方向發展。

（二）雙節棍的發展

　　雙節棍的創新與發展主要得力於世界「功夫之
王」，截拳道「創始人」──李小龍。

　　李小龍在赴美發展期間，以武會友，廣交世界搏
擊高手。其中有一位高手，號稱「菲律賓棍王」的伊
魯山度，此人擅長雙節棍和菲律賓短棍，棍術爐火純
青，因仰慕李小龍的截拳道而投於李小龍門下，潛心

學習截拳道。同時，李小龍也從他那裡學會了此雙節棍術，而且經過一番苦練和潛心研究，他的雙節棍技術達到了更加爐火純青、登峰造極的境界。他的雙節棍法，招招凶狠凜冽，迅猛異常，令人眼花繚亂，只要看過他的影片，就知道絕非像某些傳統的「花架子」、「戲班子」功夫，而是真正的神功絕技。

雙節棍隨著李小龍功夫片的上演與傳播，愛好雙節棍的人越來越多。其實雙節棍在中國武林中早有流傳。李小龍綜合各個流派的長處，研究創造了一套凶悍、凌厲、簡練、實用的現代雙節棍技法體系，並將其成功地帶上銀幕，從而形成了舉世的熱潮。

李小龍在電影中揮舞雙節棍法的雄姿迄今仍令人讚嘆不止。當時的影評家說，光看李小龍表演的雙節棍，就已足夠票價了。

二、雙節棍的功能及特點

據國外警方調查，雙節棍在實戰中的威力僅次於手槍。它在發動攻擊時，不僅可用來橫掃、刺戳，猛擊和格擋，還能夠出其不意地絞殺對方，一旦連結雙節棍的繩索或鐵鏈繞住了對方的脖子，只需輕輕一夾，便可將對方勒死。

在雙節棍高速揮舞時，其落點可產生 725.76 公斤的壓力，而人的骨頭只需 40.8 公斤的力便足以擊碎，

所以，只要誰挨上了雙節棍，則非死即傷。

實際上，雙節棍是一種很好的防身健體器械。它是一種軟中帶硬，柔中有剛的兵器，具有能收能放，短小精悍，攜帶方便，近戰時威力無窮的優點，而且又可以放長擊遠，因而在世界各地廣為流傳。它不僅簡便易學，攜帶方便，人人皆可自學成功，而且經常使用的話，不但能增強腕力，協調身手，而且還能大大地提高身體的靈活性和敏捷性，又可以鍛鍊膽識，培養堅忍自律的美德。

此外，還可用來拍打身體，推搓小腿脛骨的硬度，增強身體擊打和抗擊打的能力。

難怪國內外許多武術愛好者，特別是廣大青少年對雙節棍獨具鍾情，格外喜歡。

雙節棍是一種精簡實用的奇門兵器，它短小精悍，實而不華。熟練後有如兩臂暴長，如虎添翼。雙節棍在不用時，將兩節疊在一起插在腰間，在衣服的掩蓋下從外表是看不到的，可以說是防身武器，其作用與匕首相仿，但是，威力比匕首卻大得多。因為它可長可短，可以將雙節棍疊在一起拿著使用，亦可以拿著任何一端使用。

三節棍太長，使用不方便，雖然可以打擊較遠的目標，但收放不便，所需的氣力也要大些。而雙節棍則不然，全長只不過72公分，使用起來運動如飛，有如狂風掃落葉，所向披靡，乃是突破重圍的最佳兵器。

雙節棍的技術分為攻擊、防守、反擊三部分。動作變化無窮，其招分為劈、掃、打、抽、提、拉、挑等等。它不但可以攻擊對方的上三路、中路，而且對下三路（即腳跟或上下 5 寸的部位）的攻擊尤為厲害。凡被擊中者疼痛難忍，終至倒地不起，失去抵抗能力。此外，它還可以絞奪敵方之兵器。

三、雙節棍習練的目的和效果

（一）雙節棍習練的目的

練習雙節棍的目的就是透過攻擊和防禦練習，可以知道攻防的道理，學會巧妙而又迅速地進退、運步；學會在發生意外情況時，能自然而然地保護自己的安全。進而，有武術思想準備，避開並防禦未料之難，鎮定自若，對突然發生的事故有信心，能採取必要的行動。從而來形成人格之道，研磨個人天賦之優秀品質。

一心一意努力學習雙節棍，憑借正確而認真的學習，來磨練身心，培養旺盛的精力，尊重禮節，誠心誠意，重守信義，時常為自己的修養而努力，而且持之以恆、善始善終。

由攻擊和防禦練習，鍛鍊身體，錘煉精神，從而體會雙節棍道之精華。據此來完成自我以有益於

世——此即為修行棍道之最終目的。

雙節棍的攻擊和防禦技術，唯有以認真的態度進行堂堂正正的練習，才能有效地護身，強壯身體，修心養性，樹立正確的態度，將「善用精力」的原則應用於現實生活中去。

而最有效使用身心的態度，不僅適用於雙節棍的練習，就是在日常生活中應用和處理各種事物時也應持此態度。這一日常生活的態度也反映在社會生活中相互融洽協調，互助互讓，共同進步，同社會和國家的發展息息相關。憑借上述的努力和修養，達到愛社會，愛國家，愛人民，最終對人類有所貢獻。

（二）雙節棍習練的效果

雙節棍習練的效果是因人因師而異的，個人興趣的強弱，意志品質的優劣，文化素養的高低等等都會影響習練的效果。但最重要的是一心一意，堅忍不拔地認真練習必有效果。

（1）崇尚武德，完善人格：

雙節棍的攻擊和防禦的練習就是嚴格修行，培養有禮貌、堅忍持久、克己、沉著、剛毅果斷、敬愛、公正、守法等精神品質，以及觀察力、推斷力、想像力等智力。要維護自己的自由，但不得妨礙他人的自由。換句話說，即「己所不欲勿施於人」。

雙節棍以培養完美的人格為目的，崇尚武德，用武力欺壓別人是沒有任何價值的。如果不為培養人格

而努力，學習雙節棍將失去意義。只有尊重對方，取長補短，諾守誠信，崇尚武德方是現代的雙節棍道。

（2）靈活頭腦，敏捷身法：

雙節棍的技術內容豐富，是以擊、劈、打、掃、彈、挑等動作有機結合起來的技擊術，全身的運動量也大，可使身體的筋力，骨骼的寬度和厚度均有某種和諧的發展，也可促進內臟各器官的增強，在練習中，以敏銳的注意力和觀察力，全身心地將這些動作反覆研練，自然而然身體的反應會變得敏捷而產生靈巧的動作，練就一副有敏捷性、靈巧性、柔軟性和耐力的體魄。

（3）瞬時反應，戰勝苦難：

無論何時何地都以反應行動為目的而練習，所以逐漸習慣瞬間的行動。任何時候都能將自身的身體狀態瞬時調整到最佳狀態，並運用自如。

因此，在日常生活中發生緊急狀況時，能在瞬間採取適應變化的行動，同自身的能力限度進行挑戰，戰勝苦難。

（4）提高耐力，強健體魄：

雙節棍術是棍、體合一的運動。常年堅持習練，將會達到鍛鍊身體的強（強壯）、健（健康）、用（實用）三項目標，這三項目標可使人養成強壯的活力，無病而又健康，能按自己意志自由自在運動的能力，提高肌肉和呼吸等系統的耐久力。

（5）堅韌不拔，自強不息：

在習練雙節棍的過程中，經常會伴隨著累、苦、痛、熱，但有恆的忍耐與努力必定產生良好的結果，獲得成功的喜悅和自信，在經過長年累月、日復一日的痛苦磨練後，你會發現當初的自卑感竟然消失殆盡，繼而產生的是自信，自強，自尊，自愛，產生的是力量，是堅韌不拔的毅力和敢於拼搏的大無畏精神。

（6）處事果決，當機立斷：

習練雙節棍經常無法借助他人之力，即使身陷重圍，身處逆境也必須以己之力來化險為夷，戰勝苦難。持之以恆的研習，就可培養眼觀六路、耳聽八方的處事果斷堅決、當機立斷的能力。

雙節棍的基本知識

> 合抱之木，生於毫末；九層之臺，起
> 於壘土；千里之行，始於足下。
>
> ——老子

一、雙節棍習練的基本要求

(一) 尊師重道，崇尚武德

雙節棍技法是由格鬥技術發展而來的。如果只以打敗對方為目的，這與原始格鬥又有何不同呢？當然不能算是進步的雙節棍。拳諺云「未曾學藝先學禮，未曾習武先習德」、「文以評心，武以觀德」。

作為一名習武者，首先必須要講究武德。中國向來是一個崇尚道德禮儀之邦，儒家的仁、義、禮、智、信等傳統道德觀念歷來被作為後世教育的主要內容，雙節棍修行的主要目的是由攻擊和防禦練習，達到鍛鍊身體，錘煉精神，嚴格禮儀，培養人具有沉著穩重、自尊自愛、謙虛謹慎、團結友愛、尊師重道，愛國愛民的優秀品質。從而真正體會雙節棍道之精華，以此來完成自我有益於世的最終目的。

(二) 打好基礎，集腋成裘

學習雙節棍，若有一定拳腳功夫為基礎最佳，可達事半功倍之效。雙節棍的套路練習很多都是散打中的拳腿技術。首先，在身心素質方面即占絕對優勢，其次在技、戰術亦具備很多有利條件。因此，初習雙節棍者，最好能有一定的武術散打基礎，然後再學雙

節棍。當然若無任何武術基礎，又偏愛雙節棍技法，學也無妨，只不過較有基礎者遲緩一些。所以，初學者應有耐心，先進行基礎訓練，再進行單個技術動作練習，繼而進行戰術實戰練習，這樣持之以恆地學習和磨練，定會功到自然成。

（三）循序漸進，持之以恆

雙節棍攻防技法要求有良好的身體素質，過硬的基本技術，快速的應變能力以及堅忍不拔的毅力和恆心。因此，初學者在加強基礎訓練，狠抓基本功的同時，一定要注意循序漸進，不可好高騖遠，眼高手低。技術方面應由易到難，由簡到繁，一步一個腳印，切不可急於求成，一步登天。

（四）量力而為，貴在認真

勉強的練習不但效果不佳，也是造成傷害和生病的原因。應根據個人技術熟練程度、體力以及年齡的差異來安排練習的內容。練習的量和強度應逐漸提高。練習時必須以充沛的精力，認真的態度習練每一動作。做到全神貫注，一絲不苟。否則，就會加深疲勞，出現意外傷害。

（五）做好準備，遠離傷病

學習雙節棍要選擇合適的訓練場所。初學者應選安靜場所，並注意周圍是否有易碎物品等，儘可能選

擇利於集中注意力，寬敞平坦的場地進行訓練。在正式練習之前，我們所進行的各種身體練習叫做準備活動。其目的是使身體代謝水平提高，體溫上升，提高內臟器官的機能水平，促進參與運動有關中樞神經之間的協調，提高身體機能水平，進入工作狀態。所以必須要做好準備活動，才能有效的避免受傷。

準備活動先可進行慢跑或跳繩使身體微微發熱，再從頭到腳的各個關節部位及韌帶的伸展性活動為主。

(六) 均衡營養，充足睡眠

樂觀的心態，充足的休息，適量的運動，均衡的營養有助於習武者建立健康的生活方式。對習練雙節棍的年輕人來說，只要營養均衡，休息充足，就能夠接受嚴格的訓練。

每天的營養膳食要均衡，養成良好的飲食習慣。做到食物多樣化，多吃蔬菜水果和穀類食物，選擇低脂肪的食物和低膽固醇的飲食，戒菸限酒。

充足的休息可分為積極性休息和消極性休息。積極性休息主要以散步，跳舞，聽音樂等輕微活動為主；消極性的休息即是睡眠。以充足的睡眠為主，配合輕微的活動，對身體疲勞的恢復也很有幫助。忽視了這些，有時會造成難以想像的結果。夏天、嚴冬的訓練要特別注意，切實遵守。

（七）必備療藥，學會急救

初學者進行訓練時，一定要注意防止傷害事故發生。傷害事故的發生會直接影響到初學者的訓練進程，同時對初學者身心會造成一定傷害，以至影響到初學者後續的訓練。

練習雙節棍時，若有不慎，難免出現傷痛。常見的外傷有扭傷、肌肉裂傷或肌腱斷裂等。應準備一些常用止血、消腫、止痛的藥品，學會一些急救方法，以便自我處理簡單的外傷。若遇到不知如何處理的外傷時，應及早就醫，以免延誤醫治。

另外，也應該加強中國傳統中醫理論和技術方面的學習，因為武醫同源，兩者可以相互促進，共同提高。

二、如何自學雙節棍

所謂自學雙節棍，就是在沒有教授者的情況下，僅僅依靠資料書籍等進行學習。自學雙節棍並不難，研習者應該相信，只要勤奮學習，刻苦磨練，就一定會掌握精純的雙節棍技法。雖然自學有一定難度，但實踐證明自學雙節棍是可行的，關鍵在於如何自學。

如何自學雙節棍呢？如果研習者能注意以下幾方面，並能在學習中做到善始善終，相信自學雙節棍一

定會學有所成。

（一）端正態度，明確目的

自學雙節棍，初學者首先應明確學習目的，目標越大，習練的熱情才高。從而自覺、積極地進行訓練，儘可能獨立思考解決問題，創造性地完成訓練任務。

（二）文圖並用，聲像並茂

初學者僅憑資料學習會有很大的局限性。因此，必須高度重視閱讀資料的文字與配圖。初學者可以把資料中的文字當作教授者的講解，把資料中的配圖當作教授者的示範，也可以看一些有關雙節棍技法的光碟教學片，再由實踐逐步掌握。

（三）嚴格要求，全面發展

初學者借助資料學習雙節棍時，一定要對自己負責任，對自己嚴格要求，要注意身體素質訓練、心理訓練、技、戰術訓練的有機結合與合理安排。

（四）持之以恆，戰勝自我

自學應該科學地安排，有計劃地進行，特別注意的是訓練要不間斷地長期進行。初學者掌握技、戰術實質上是暫時性神經聯繫的建立，是條件反射和動力定型的形成。若訓練中斷，就會使建立起的暫時性神

經聯繫逐步減弱、中斷，條件反射減退，使技、戰術生疏，以至接連失誤，影響技、戰術水準的提高。

(五)任重道遠，量力而行

雙節棍的學習不是三錛子兩斧頭就能夠成功的，初學者在自學中，要樹立遠大的抱負，一步一腳印，循序漸進，合理安排運動負荷，避免運動性疲勞影響正常訓練。具體情況可以自我調控，在自己感到負荷小時增加，負荷超量時應適當減少。

三、雙節棍的保養與護理

雙節棍是由棍身、棍端（外端和內端）、鐵鏈三部分組成（圖 2-1）。雙節棍可用木棍、鋼鐵條（管）、橡膠等材料製作，尤以硬木最佳。雙節棍全長約 72 公分，也可根據自己身高和臂長而增減尺寸。棍身直徑 2.3～3 公分，中間用一鐵鏈或尼龍繩子連結，鏈長約 12 公分。

雙節棍要注意保養和護理，才能經久耐用。方法如下：

圖 2-1

（1）避免用雙節棍擊打堅硬物體，尤其是木質雙節棍，以免棍身破裂。

（2）木製雙節棍不宜在烈日下曝曬或久置在潮濕處。

（3）雙節棍的鐵鏈可用潤滑油塗抹保養，以保持其扭轉靈活。

（4）雙節棍宜經常練習，在不用時，最好用保護袋裝起，置於乾燥通風處保存。

四、雙節棍的有效攻擊部位和打擊方法

雙節棍對人體攻擊部位頗為重視。實踐證明，準確無誤地擊中人體要害，是格鬥獲勝的關鍵所在。因此，了解人體的要害部位是學習雙節棍的必備知識。

雙節棍的有效攻擊部位是指人體最易遭受打擊而致傷殘的要害部位。攻擊部位的選擇對擊打效果影響很大。

了解並學會攻擊這些要害部位，加上熟練的技擊方法，就能在格鬥中迅速將敵制伏或置之於死地。人體要害部位主要分為頭部、軀幹和四肢三大部分。

（一）頭部要害部位

頭部是人體最重要的部位之一，為五體之尊，百骸之長。也是要害區分布最多的部位。如果大腦後部

受到打擊，則會使視覺區、小腦神經功能受阻，血管損傷，導致眼睛失明，語無倫次，動作紊亂，從而喪失戰鬥力；如果大腦頂部受到了攻擊，會使軀體運動區神經功能性障礙，平衡失調，導致四肢軀幹不穩定；如果大腦兩側、面部受到打擊，聽覺區神經功能受到阻礙，可使聽力喪失。具體的部位如下：

1.太陽穴

頭部兩側的太陽穴，在上耳廓和眼角的延長線的交叉點上，屬頭部顳區，有顳線動脈、靜脈及顳神經穿過，顱內有腦膜中動脈前支穿行。

此部位骨質脆軟，向內朝顳骨方位擊打，可引起顳骨骨折，損傷腦膜中動脈，致使血管壁腫脹，血液不能流暢，輕則遭擊者會因缺血缺氧休克、昏厥或腦震盪等，重則會當即死亡。

擊打方法：用雙節棍橫掃或外劈擊打。

擊打後果：輕則腦震盪，重則死亡。

2.耳

耳廓神經離人體大腦較近，受到擊打或強烈擠壓時，會直接損傷腦膜中動脈，使血管壁腫脹，血液循環受阻。耳部在頭部下頜骨的上緣，下耳部的後面，是一個非常重要的部位，叫「耳後穴」，若直接擊打部位，輕則擊穿耳膜或使耳內出血，重則造成腦震盪或致人於死地。

擊打方法：揮棍橫掃或外劈擊打。

擊打後果：擊穿耳膜或耳內出血、昏迷、死亡。

3.面部

面部是人體視覺、嗅覺、呼吸等器官所在處。從鼻根至兩唇角形成一個三角區域。醫學稱為「面部危險三角區」。若猛烈攻擊此部位，會嚴重破壞面部神經血管。鼻骨部分由軟骨構成，鼻部篩板較薄，篩骨較脆，打斷鼻骨，很容易造成軟組織水腫，如果骨頭碎片楔入大腦，人很快就會死亡。眼眶的骨質極薄，構成顱前窩底，內裝眼球。眼球被擊傷後，造成雙目失明，從而解除人的戰鬥力。

擊打方法：揮棍橫擊、挑擊。

擊打後果：輕則劇痛難忍，重則昏迷。

4.頸兩側

頸兩側布滿致命的血管及神經。頸動脈、迷走神經均沿頸兩側分布。當受到攻擊時，使人感到劇痛，與此同時，由於頸動脈受阻減少大腦供氧，繼而出現窒息。壓迫頸動脈竇，會產生嚴重的心律不整，導致心力衰竭。

擊打方法：用雙節棍斜劈擊，用鐵鏈絞夾。

擊打後果：輕則幾秒鐘內昏迷，重則氣絕身亡。

5.頸後部

枕部動、靜脈及枕部神經從此通過，頸椎由七塊椎體組成，椎體與頸連接的韌帶較少，受到擰、折、扳、挫，可使頸椎韌帶撕裂。如果椎體脫位會刺傷脊髓，造成高位截癱。

擊打方法：用棍端側擊或猛劈。

擊打後果：輕則癱瘓，重則頃刻斃命。

6.後腦

如果大腦後部遭受攻擊，將喪失戰鬥能力。

7.頸椎

頸椎由 7 塊椎體組成，椎體與頸連接的韌帶較少，外力攻擊時可將頸椎韌帶撕裂或使椎體脫位刺傷骨髓造成高位截癱，重則死亡。

8.咽喉

咽喉部包括食道和呼吸道，在呼吸道處施加暴力將使人呼吸困難，大腦缺氧。喉結處有氣管、頸動脈及迷走神經。擊打後會阻塞血液流通引起大腦缺血、缺氧，使人窒息、死亡。

擊打方法：用棍掃擊，用鐵鏈夾擊。

擊打後果：輕則頭昏、窒息，重則死亡。

(二)軀幹要害部位

軀幹也是人體要害部位雲集的區域。心、肝、脾、肺、腎等人體重要器官密布。

1.鎖骨

上肢鎖骨略呈「S」形，狀如長骨，水平位於胸骨和肩胛骨之間。在遭受打擊時，會使其斷裂，以至疼痛難忍造成上肢無法活動。

擊打方法：用棍直劈或斜劈。

擊打後果：鎖骨斷裂、疼痛難忍。

2.腋窩

腋窩下有一條粗大的神經叢，擊打後劇痛難熬。

擊打方法：當敵人揮拳或揮刀抬起手臂時，即以雙節棍內劈或挑擊。

擊打後果：劇痛或短暫的局部癱瘓。

3.心窩

這是要命的地方，分布著若干神經束及心、肺大血管。如遭突然攻擊，血管因外力壓迫而膨脹，導致心臟跳動急促或停止跳動，或因窒息而死亡。

擊打方法：用棍端猛掃狠砸或射棍。

擊打後果：劇痛難忍，昏迷甚至死亡。

4.肋部

肋部共有 12 對肋骨，骨細而長，附在表面上的肌肉很薄，很容易折斷。尤其是從第 8～20 對肋骨前端，不與胸骨直接相連，第 11 與第 12 對肋骨的前端皆游離，他們骨骼細小而軟薄，骨內只有極少或沒有血管，折斷後，不易恢復、痙癒，受到擊打後會震盪內臟，且折斷的鋒利肋骨還會刺破內臟，造成體內大出血。

擊打方法：揮棍橫掃猛擊。

擊打後果：輕的疼痛難忍、呼吸困難，重則因刺破內臟出血過多而死亡。

5.腹部

腹部包括人體胸腔劍突以下，肚臍以上部位。右上腹是肝膽，左上腹是脾臟，兩側是腎臟，下腹是

胃、十二指腸、橫結腸及膀胱等。這些器官排列在腹腔壁內，並垂直壓在骨盆上，離心臟較近，又有神經結，受到外力猛力打擊後，內臟血管因外力壓迫而膨脹，導致血液循環受阻，同時由於腹部壁層腹膜神經末梢豐富，感覺靈敏，人會疼痛難忍。如果肝、脾、腎器官破裂而出血，必導致死亡。

擊打方法：用棍挑擊、橫打、撩擊。

擊打後果：非傷即死。

6.襠部

襠部是人體中神經末梢最豐富的地方，睾丸容易受傷，受傷後疼痛劇烈，如果睾丸破裂，引起陰囊出血，人將死亡。

擊打方法：用棍撩襠。

擊打後果：劇痛、死亡。

7.脊柱

它是人體的支柱。脊柱由 24 個椎骨、1 塊骶骨、1 塊尾骨以及連結它們的椎間盤、關節和韌帶構成。若對準皮帶上方 7～9 公分處擊打，很容易造成脊椎脫位。

擊打方法：揮棍橫掃，用棍端撞擊。

擊打後果：癱瘓、死亡。

8.腎部

人體腎臟位於第 12 肋和第 3 腰椎之間緊貼腹後壁，是全身代謝最快的器官，有豐富的血管。腎臟沒有骨保護，遭受攻擊，很容易造成出血引起嚴重後

果。

擊打方法：用棍橫掃、外劈、內掃等。

擊打後果：出血、劇痛。

9.尾骨

尾骨由4個尾椎組成，呈三角小骨，是人體薄弱部位之一。

當尾骨遭受攻擊時，能產生劇烈疼痛，也會造成骨折、癱瘓、死亡。

擊打方法：側進上步用棍橫掃。

擊打後果：劇痛、骨折、癱瘓、死亡。

(三)四肢要害部位

四肢有100多塊骨頭，施以正確打法可導致脫臼、骨折和韌帶撕裂，從而解除敵人戰鬥力。

1.腕部

人體腕關節由橈骨的橈腕關節及尺骨小頭下方軟骨盤與近側列3個腕骨組成。8塊骨頭主要依靠韌帶連接固定，腕關節的關節囊寬廣鬆弛，內側有尺側副韌帶，外側有橈側副韌帶，背側和掌側分別由背、掌側副韌帶加固。當腕關節遭受攻擊時，會引起韌帶撕裂、骨折等。

擊打方法：猛劈手腕、挑擊腕部。

擊打後果：橈腕骨韌帶撕裂或骨折、關節脫臼。

2.肘部

肘部是一個復合關節，由肱尺、肱橈、橈尺3個

關節共同被包在一個關節囊內所構成。肘關節的關節囊，前後薄弱、鬆弛，兩側增厚緊張，並有尺側、橈側、副韌帶、橈骨環韌帶加固。肘關節完全伸直時最怕從後方施加壓力或打擊，以至韌帶受傷，關節脫臼或骨折。

擊打方法：揮棍橫掃或外劈等猛擊肘部。

擊打後果：韌帶撕裂、脫臼。

3.肩部

肩關節由肩胛骨的關節盂和肱骨頭構成，屬典型的球窩狀關節。它是全身最靈活的關節。肩關節韌帶少而弱，關節盂小，關節囊薄而鬆弛，關節腔大而寬，韌帶限制關節運動較少，關節穩固性較差，擊打後容易脫臼。

擊打方法：揮棍猛劈肩胛骨。

擊打後果：韌帶和肌肉撕裂或脫臼。

4.膝部

膝部是人體中最大、結構最複雜的下體主要關節部位。由股骨和脛骨的內外側髁相應的上下關節面和髕骨後面的關節構成的。關節囊廣闊鬆弛，周圍有強大韌帶加固。前面有髕韌帶，後面有斜韌帶，兩側分別有腓側和脛側副韌帶，關節內還有前後交叉韌帶和一對半月板。膝關節只能屈伸和旋轉，不能內收和外展。

擊打方法：用棍橫掃擊。

擊打後果：造成半月板撕裂、骨折。

5.脛骨

人體脛骨為三棱柱形長管狀骨，位於小腿內側，其上端較大、下端較小，中為脛骨體。脛骨受到攻擊時，除會引起強烈痛感外，也會導致骨折。

擊打方法：用棍橫掃擊、外挑、內挑、外劈和內劈等。

擊打後果：造成脛骨骨折。

6.踝部

人體踝骨關節遭受猛烈攻擊時會產生強烈疼痛感或傷及關節。

擊打方法：用棍橫掃、外劈和內劈等。

擊打後果：造成踝骨骨折。

7.腳背

腳背神經密布，肌肉較少，當遭受攻擊時會劇痛難忍。

擊打方法：用棍橫掃擊、外挑、內挑、外劈和內劈等。

擊打後果：造成腳背腫脹、趾骨粉碎性斷裂。

以上是學習雙節棍可攻擊敵方的有效要害部位。以「意、氣、棍、身」四位一體的氣勢準確地擊打敵之要害部位是謂上策。做成功有效的打擊可謂技術上的大目標。

五、雙節棍擊打的力學原理

雙節棍在實戰中，主要是利用劈、挑、掃、擊等技術動作進行主動進攻，先發制人的。這些技術動作主要以圓周或弧形運動來實現。所以，了解雙節棍的力學原理，對提高雙節棍的控棍技巧以及棍、身、意合而為一的高超技巧將很有幫助。

（一）向心力與離心力的應用

根據運動生物力學原理，物體作圓周運動時，速度方向沿著圓周的切向不斷變化，因而存在向心加速度，其大小為 $a = V^2 / r$，方向指向圓心。由牛頓第二定律可知，此時物體必受到外力的作用，這個外力的方向也始終指向圓心，大小為：$F = mV^2 / r$，這個力就叫向心力。由此可知，物體作圓周運動的必要條件是，物體必須受到一個與速度方向垂直的外力作用，才能不斷地改變物體運動方向。

手拿雙節棍的 A 棍（手握棍）帶動 B 棍（揮出棍）作圓周運動時，A 棍通過鐵鏈對 B 棍施加向心力，不斷改變 B 棍的運動方向，使得 B 棍作圓周運動。既然作圓周運動的 B 棍受到向心力的作用，那麼，由牛頓第三定律得知，必須同時存在一個反作用力，這個力與向心力大小相等、方向相反，即沿半徑

背離圓心的離心力。

手握 A 棍拉動 B 棍的力是向心力，手臂受 B 棍向外的拉力是離心力。向心力的作用點在 B 棍上，而離心力的作用在手上。當手臂帶動 B 棍作弧線運動時，手臂施加在 A 棍的力越大，則 B 棍獲得的加速度大，力量也大；當手臂施加 A 棍的力為零時，則 B 棍不再受向心力的作用，因慣性的緣故繼續作圓周運動。所以，雙節棍的揮棍舞棍動作，主要是由腰的轉動、手臂的揮動來改變 B 棍的運動路線，在擊打完成後要養成鬆肩、鬆肘、鬆腕的習慣，便於下一次改變出棍的方向和路線。

另外，在做基礎訓練時可相對加大上肢力量，腰部力量以及肩肘腕關節的力量和靈活性的訓練。

(二)慣性定律的應用

慣性定律表明，不受其他物體作用的物體，若靜止則永遠靜止，若運動則永遠作勻速直線運動，即物體具有保持它原有運動狀態不變的性質。

慣性是物體固有的屬性，質量是慣性的度量，也就是說慣性大小是由物體質量所決定的。質量不能增加和減少，慣性大小當然也不能增加和減少，「克服慣性」實際上是指改變物體的運動速度。

掌握了慣性定律，我們在雙節棍的訓練中就能合理地利用慣性，可使肌肉的放鬆、收縮適時，有節奏，動作更加經濟協調，減少能量消耗，即通常講的

用「巧勁」。如保持一定的速度比改變速度要容易、省力得多。

雙節棍訓練中，每次擊打動作完成後，有時需要改變動作的方向，這時需要克服雙節棍 B 棍的慣性的運動速度。握棍的手可以放鬆順著 B 棍慣性的方向，等 B 棍到「強弩之末」，力量微乎其微時，再向相反方向發力較為容易些。所以，雙節棍擊打後最重要的是肩、肘、腕等關節自然放鬆。其次要盡量大幅度揮動，以保持動作的連貫性。

另外，在擊中目標前的瞬間，用力握棍以加速劈打。在揮棍時順腕、肘、肩、腰部及身體的旋轉，可御去或消去部分擊打在自身的力量，便於接棍和收棍，便於卸力反彈。

（三）動量定理的應用

動量定理是描述物體機械運動狀態變化規律的基本定理之一。物體在運動過程中，在某段時間內動量的改變等於所受合外力在這段時間內的沖量。依牛頓第二定律可知 $F = ma$ 可推出動量定理：$F(t-t_0) = mvt - mv_0$。由於物體動量發生變化是沖量作用的直接結果，物體動量的變化只取決於外界沖量大小，無需深究力在作用過程中變化的具體細節。

在雙節棍練習中，為了增加 B 棍的出手動量，應增加在最後用力階段對 B 棍的沖量。

正確的作法是，在保證發揮肌肉最大用力的同

時，由延長距離來延長時間。如在雙節棍擊打中往往要求在最後用力前使身體儘可能超越 B 棍已達最大沖量，如蘇秦背劍等姿勢。雙節棍劈掃練習中，有卸力反彈技術，若要減少 B 棍對人體的沖力，就得延長力的作用時間，如大幅度的橫掃直劈等動作，擊中目標後，肩肘腕應放鬆用力，以延長力的作用時間，減少 B 棍對身體及手的沖力。

六、雙節棍的圖解知識

雙節棍的圖解是指記載雙節棍的動作和套路圖和文字。用圖來表示動作的姿勢、方向、路線，用文字來說明動作過程、方法和要領。因此，圖解就是圖示和文字說明相結合。

正確掌握雙節棍技術圖解方法，便於教學和自學，對培養自學能力和理解雙節棍技術動作都有重要意義，同時還可以運用圖解方法記錄整理雙節棍動作，以便於雙節棍技術的交流與推廣。必須首先說明的是，雙節棍圖解的文字說明中，A 棍是表示手握住的棍或右手握的棍，B 棍是揮出棍（也叫攻擊棍）或左手握的棍。

（一）動作圖解的一般方法

（1）運動方向：

圖解中的運動方向，以示意圖中人的軀幹姿勢為準，並且隨著軀幹姿勢所處的位置變化而變化。圖中人的身前為前，身後為後，左側為左，右側為右；此外還有左前、左後、右前、右後之分。

如雙節棍的預備勢，前後左右的方向是以圖中人的軀幹姿勢為準。轉體時，則以轉後的身前為前，身後為後，以此類推。

（2）動作路線：

插圖中一般用虛線（┈┈┈►）或實線（───►）表示該部位下一動作行進的路線。箭尾為起點，箭頭為止點。有的插圖上下肢的運動路線都用虛線表示，有的右上肢和左下肢用實線表示，左上肢和右下肢用虛線表示，有的上、下肢分別用虛線表示，雖然用法不一，但作用則是一致的，都是指明下一動作將經過的路線。有的圖解還加用足跡圖或標誌線，如步法移動等，以表示腳在運動中的方位及觸地面積。

（3）附加圖：

有些身體背向的動作，圖中無法表現，應附加一幅正面的動作圖，與文字說明相結合，運動方向和路線應以原圖為準。有些重要的技術細節，在整體圖示中看不清楚，應附加一幅局部動作圖。

（4）運動方位：

運動方位是以圖中人的預備姿勢的假設來確定的。通常設面對方向為南，右手為西，左手為東，背對方向為北。還有東南、西南、東北、西北等相應的方位。運動方位不受身體姿勢變化的影響。

（5）術語的運用：

為了簡練，文字說明中常用術語來表述動作，比如蘇秦背劍勢、毒蛇吐信勢、雙手擒天勢、射棍勢等，這些術語是經過歷代名家在其親身實踐中創造出來的，經過後人錘煉，逐漸形成富有高度概括性、形象生動、淺顯易懂的專業用語。因此，掌握術語對把握圖解方法十分重要。

（6）要領說明：

有些圖解中，在動作的後面附有「要領」或「要點」，是為提示該動作的技術要領，或者說明應注意之處，以便閱讀時參考。

（二）雙節棍圖解的學習方法

1.個人自學法

自學法通常是在無人幫助情況下採用的。這種方法最好具有一定的雙節棍技術基礎知識。初練者學習時難度較大。一般學習步驟如下：

（1）看圖：

首先可按動作方向，弄清來龍去脈，了解其關係，然後將這些動作貫穿起來試練，建立初步動作概

念。

（2）看文字說明：

形成初步的動作要領之後，再進一步閱讀文字說明，以便掌握正確的技術；對圖中難以弄清的動作細節，也可以透過文字說明來理解。可以採用邊看邊做的方法，待基本弄清單個動作的運動過程後，鞏固數遍，使之熟練。

（3）深化提高：

當達到基本要求後，再進行難度大一點的動作學習，特別注意動作的連貫性和正確的用力方法，不要急於求成、囫圇吞棗。

2.兩人、多人配合自學法

兩人配合自學法是與同伴共同學習的過程，較為簡便易行。它需要多方積極思維，加深對圖文的理解，切忌一方依賴另一方。只有互幫互學，才能有助於提高學習的效率，其步驟和方法如下：

（1）明確任務分工：

先設甲、乙兩方，甲方（一般設一人）的任務是按照文字說明慢速正確地講讀；乙方（可設一至多人）的任務是按甲講讀的順序、要求進行演示和練習，並注意記憶。

（2）學習與檢查：

乙方學習的同時，甲方應對照書上的圖示檢查乙方的動作路線和方法是否正確。如果兩者相符，說明學習無誤；如果發現兩者有矛盾，則應及時查對，避

免形成錯誤的動作定型。

（3）互教互學：

按以上步驟全部學完後，再由乙教甲。這樣既簡便又省時，而且不易遺漏動作。

以上兩種自學方法可根據自學者技術情況和環境條件選用，也可結合起來應用。如先用「兩人、多人配合自學法」將雙節棍的進攻與防守動作初步學會，再用「個人自學法」學習雙節棍基本功、基本動作，提高動作的準確性。

雙節棍基礎訓練

　　想超乎常人，唯有隨時準備把最艱苦最乏味的訓練當最大的樂趣，越是樂意接受此等折磨，則其成功的可能就愈大。

　　　　　　　　　　　　——老子

一、雙節棍的準備活動

　　練習雙節棍之前，首先要進行準備活動。準備活動除有助於提高訓練效果外，還可以防止練習者肌肉損傷。從理論上講，準備活動可以增強人體對局部肌肉氧的供應，從而使肌肉功能改變，推遲肌肉酸痛產生的時間及避免或減少身體受傷的危險。

　　進行準備活動之前，練習者應明確此次訓練的目的、要求、重點、難點等，並在準備活動中加以體現。其次，可以根據上述具體情況和季節的變化決定準備活動的時間長度，一般 10～15 分鐘為宜，以身體微汗為止。

　　準備活動要選擇輕鬆易完成，並且同訓練內容較接近的練習為好。

（一）熱身練習

　　（1）慢跑：身體放鬆，自然呼吸，集中注意力，輕快有節奏地進行 1500 公尺慢跑練習。

　　（2）跳繩：原地輕快有節奏的單雙腳 1～3 分鐘跳繩練習。

　　【作用】：使身體儘早進入活動狀態。

（二）頭頸練習

兩腳開立，雙手分握兩棍端前平舉，高與肩平。

（1）做頭頸前、後、左、右擺振練習（圖 3-1、圖 3-2、圖 3-3、圖 3-4）。

圖 3-1

圖 3-2

圖 3-3

圖 3-4

圖 3-5　　　　　　圖 3-6　　　　　　圖 3-7

（2）做頭部由左向右，由右向左的繞轉練習（圖3-5、圖3-6）。

【作用】：增強頸部靈活性和力量。

（三）肩肘練習

（1）雙腳分開約同肩寬，雙臂屈肘分握兩棍端與肩同高，雙手用力拉棍，右手將棍在身體右側向下畫圓圈，同時左手向上畫圓圈，用力將棍端指向前方，成划船的姿勢，再左右手運動方向相反，輪流進行（圖3-7、圖3-8）。

（2）雙臂屈肘抬至與肩平，做擺臂練習（圖3-9、圖3-10）。

【作用】：增強肩肘關節的靈活性和臂力。

图 3-8　　　　　图 3-9　　　　　图 3-10

图 3-11　　　　　　　图 3-12

（四）腕部練習

單手握全對棍，向前伸出，高與肩平；轉動腕關節向左右兩方來回擺動，以擺至極限為準，動作不限次數，力盡為止，左右練法相同（圖 3-11、圖 3-12）。

圖 3-13　　　　　　　　　圖 3-14

【作用】：增強腕力，提高腕關節的靈活性。

（五）腰髖練習

（1）仰俯練習：雙腳分開約同肩寬，雙手分握兩棍端拉緊，高於肩平，上體和兩臂盡力後仰同時深吸氣，隨即身體前俯呼氣，雙棍盡量觸及地面，做連續動作練習（圖 3-13、圖 3-14）。

（2）繞圈練習：雙腳平行分開略比肩寬，雙手分握兩棍端拉緊，與肩同高。上體前俯、雙臂伸直與地面垂直，做左、右方向的畫圓練習（圖 3-15、圖 3-16）。

（3）兩腳開立或成騎馬勢，雙手分握棍端置於體前，右手用力牽拉棍端，帶動上體向右盡量扭轉（頭部及眼部也隨之後轉），稍停再回復原來狀態。然後向左轉體，其法相同（圖 3-17、圖 3-18）。

圖 3-15

圖 3-16

圖 3-17

圖 3-18

【作用】：鍛鍊腰、腹肌力量及腰部的靈活性。

(六) 膝部練習

（1）屈膝練習。雙腳併攏，雙臂屈肘，兩手分握兩棍端拉緊，與肩同高。左右膝部彎曲時，兩手將棍

圖 3-19　　　　　　　　圖 3-20

前推出去；膝部伸展時，將棍收回至胸前，反覆練習
（圖 3-19、圖 3-20）。

（2）提膝練習。雙腳分開約同肩寬，兩手分握兩
棍端拉緊，自然挺胸收腹，雙眼平視前方。

右腿盡力沿中線向上提膝，雙手將棍直立於胸
前，右手在上，左手在下；提左腳時，方向相反。左
右腿交替練習（圖 3-21、圖 3-22）。

【作用】：增強膝部的柔韌性和靈活性。

（七）腳踝練習

（1）雙手分握兩棍端拉緊，置於腦後。提起腳跟
時，同時兩臂上舉，落下腳跟時，屈臂於腦後，反覆
練習（圖 3-23、圖 3-24）。

（2）雙手分握兩棍端拉緊，置於腦後。將身體重
心移向左腳，右腳尖點地，提起腳踝，做活動腳踝部

圖 3-21

圖 3-22

圖 3-23

圖 3-24

圖 3-25

圖 3-26

的練習；左右腳交替練習（圖 3-25、圖 3-26）。

【作用】：增強踝關節的靈活性和小腿肌肉力量。

(八)腹背練習

坐在地上雙腿盡量分開，用鐵鏈套在一側腳掌，

圖 3-27

圖 3-28

雙手用力拉棍，帶動身體盡量前屈，額部盡量觸及膝
蓋。前俯時受力一方的膝部要蹬直。恢復坐姿，左右
交換練習（圖 3-27、圖 3-28）。

【作用】：能有效提高腰、背的力量。

(九)滾翻練習

（1）做向前滾翻練習（圖 3-29）。
（2）做後滾翻練習（圖 3-30）。
（3）做直體體側滾翻練習（圖 3-31、圖 3-32）。

圖 3-29

圖 3-30

圖 3-31

圖 3-32

【作用】：提高身體的靈活性，為地躺棍法打基礎。

(十) 默想練習

雙腳分開與肩同寬，兩膝稍彎曲，雙手握棍自然垂於體側，輕輕閉上眼睛，調整呼吸，集中注意力，想像頭頂似有一束陽光照下，暖遍全身，身體從頭到腳各部位依次放鬆，身體異常舒適，自感此刻精神飽滿，身體能量充足，假想 2～3 分鐘結束。

【作用】：放鬆調整身體。

雙節棍訓練中，準備活動是必不可少的練習。研習者一定要加以重視，切不要感到準備活動練習單調、乏味而產生厭倦心理。有道是磨刀不誤砍柴功。

二、雙節棍體能訓練

李小龍曾說過：體能訓練可以說是一個「自討苦吃」的過程。如果你對自己要求不嚴，就不能期望從室外訓練、室內練習以及各種強身鍛鍊中有太多的收穫。你為此必須付出代價，而當你戴上拳套開始正規習拳或參加比賽時，你才會明白：你沒有白費功夫而且苦盡甘來。可見體能的訓練多麼地重要。

雙節棍研習者的專項技擊能力是由研習者的體能（身體形態、生理機能、身體健康和運動素質），技能（技術、戰術），心能（心理、智力）所決定的。而體能由運動的形態特徵，各生理系統的機能，身體

各部位的健康狀況以及運動素質表現出來。所以體能是形成技能的基礎，它相當於技擊能力的「硬件」。沒有體能，技能會成為無源之水；沒有體能，心能則成為無的之矢。總之，沒有體能，雙節棍的技擊能力也就無從談起。

體能訓練是指運用各種身體練習和保障身體健康的方法和手段，全面提高與改善訓練者的身體形態、身體機能、身體健康和運動素質水準的訓練與管理過程。體能訓練的四要素（身體形態、身體機能、身體健康和運動素質）中有的因素主要由遺傳因素決定的，如形態指標中的高度、長度和寬度指標，機能指標中的心血管指標，身體健康狀況中的遺傳病等。這些指標中先天條件的影響很大，表現出較大的遺傳力，為此透過後天訓練加以改善的幅度較小。

但作為雙節棍研習者來說，光靠遺傳因素所達到的水準是難以維持機體承受大負荷刺激的需要，必須進一步提高才行。不僅要重點提高各相關的運動素質，也要把形態、機能和健康水準進一步提高，尤其那些遺傳因素較大的指標應採用更有效的手段加以提高。從某種意義上講，雙節棍的體能是運動員最大限度地動員有機體機能能力時持續對抗疲勞的能力。雙節棍體能訓練中運動素質的訓練是最主要的因素。運動素質訓練主要包括速度訓練、力量訓練、耐力訓練、柔韌訓練、靈敏訓練和平衡訓練等。下面主要談談各運動素質的訓練方法及手段。

(一)速度素質訓練

速度素質是連接各種運動能力的主體,唯快才能出其不意,攻其不備。雙節棍訓練中要求出棍擊棍發力短脆、快速、上下肢合一,動作迅猛、乾淨俐落,在發力的瞬間要運用軀幹和四肢的快速發勁將棍彈出,給對手以迅雷不及掩耳之打擊,攻其以措手不及。所以,速度素質是搏擊取勝的關鍵性因素之一。一名研習者若在速度上占優勢,就常可領先對手做動作,換句話說,對手只能跟著你做動作,所以,一名優秀技擊者若能在速度上占據較大優勢,那麼,在其他方面亦會占有不少優勢。

根據雙節棍運動的實戰情形,速度素質內容可分為五類:視覺速度、反應速度、移動速度、動作速度、變換速度。

1.視覺速度

視覺的敏銳不僅是本能的動作基礎,也是一切攻防動作的開端。凡是優秀的技擊者其視覺都極其發達。否則,他就不可能在搏鬥中掌握進攻的主動權。同時,眼光銳利,可使對手喪失戰鬥力,使對手迷惑,使對手動作緩慢。

技擊中視覺的敏銳程度應該以觀察對手行動時的注意力是否高度集中而定,若注意的目標愈小,則視覺愈敏銳,倘若注視、辨認的目標與範圍過寬過繁,則視覺的敏銳程度自然會降低。所以,雙節棍研習者

在平時或在訓練中應養成專注於所要注意的目標上去。視覺速度的訓練方法：

（1）透過教練員或同伴示靶（長棍一端繫上白布或紙）在移動中突然示靶，練習者應根據不同的靶位，快速作出反應，選擇相應的動作用雙節棍擊打靶位。

（2）練習者拋擲不同方向的小橡皮球或乒乓球，練習者應根據不同的來球，快速作出反應，選擇相應的動作用雙節棍擊打來球。

2.反應速度

它是指人體對各種刺激做出反應的能力，即「應答能力」。雙節棍搏擊的反應速度是研習者在舞棍擊打的過程中，大腦快速敏捷的思維過程，同時也是一種在與對方交手之際能迅速、準確地選擇好適於自身的攻防技戰術的能力。它要求研習者在複雜多變的情形下，必須順應情形的變更而迅速地考慮出如何攻擊和挫敗對手的策略。反應速度的訓練同樣可採用打移動靶的方法進行，當練習者打靶後，教練員或同伴可用靶反擊，讓練習者迅速作出防守動作，準備下一次擊靶。

3.位移速度

位移速度是指身體快速移動的能力。尤其是指步法移動速度的快慢。研習者只有靈活的移動步法，才能有效地利用棍法的技巧。可以說拙於步法的研習者，也必拙於拳法、腿法和棍法。雙節棍習練中非常

強調靈活性，要運用有效的技巧，就必須依賴靈活的步法。李小龍曾經說過：「步法本身就是一種強猛而有力的武器。」正確而精練的步法是在運動中保持良好的平衡，移向對自己有利的位置，以便能夠有效地發起攻擊和避免對手的進攻。位移速度的訓練可由提高力量素質來發展。位移速度訓練方法：

（1）負重槓鈴、負上沙背心或沙綁腿進行各種單雙足跳，多級跳和跳深等練習。但必須注意負重力量練習速度，要體現一個「快」字，以快速完成動作和提高速度力量為主。

（2）短距離跑。如 60 公尺、100 公尺和 400 公尺跑，以提高身體的無氧乳酸供能訓練。

4.動作速度

動作速度是指人體從靜止狀態到運動狀態時，手和腳等部位的加速運動，並在運動時使整個或部分身體增加速度的能力。雙節棍運動中，動作姿勢的精簡和肌肉的放鬆，都可以增加速度。同時，動作的弧度越小，則速度越快。雙節棍運動的動作速度可分為單個動作速度（劈、掃、挑、刺等）和組合動作速度（蘇秦背劍、左右逢源、流星趕月等）。而組合動作速度在搏擊中顯得尤其重要。

動作速度的訓練方法有：

（1）空擊訓練法。即用想像對手或用自己的影子，做各種拳法、腿法和棍法的進攻與防守的練習。

（2）負上沙背心、小腿負上沙綁腿和手持啞鈴做

空擊練習。

（3）採用以最大強度持續 10～20 秒擊打目標練習，然後改做空擊，滑步（約 30 秒），每組重複 4～5 次，總練習 4～5 組，間隔 5～6 分鐘。

5.變換速度

變換速度是指在做動作的過程中，根據場上的情況變化而改變運動方向的能力，也就是在實戰搏擊中的迅速變向能力。雙節棍練習者棍招方向的變向較為頻繁，它需要極好的平衡能力和對慣性的控制能力。變換速度對雙節棍研習者來說非常重要。變換速度的訓練方法以實戰搏擊的方法為佳。實戰是訓練雙節棍複雜反應的最好方法。並且要求經常與不同的對手或不同的器械進行實戰，以培養和提高研習者的隨機應變能力和變換動作速度與方向的能力。

（二）力量素質訓練

根據運動生理學理論，決定力量大小的生理基礎為肌肉肥大（肌肉橫斷面增大、肌纖維增粗等），神經的調節機能（骨骼肌可受腦的意識控制的一種肌肉），骨桿杆的機械效益（肌肉、骨骼和關節所組成的力學系統）和肌纖維的組成（快、慢肌纖維）。科學研究結果表明：人體力量素質在 16～17 歲時發展較快，到 20～30 歲時力量最大。因此，在青春發育期加強力量素質訓練，會收到事半功倍的良好效果。

科學的力量訓練，能夠改善人體神經系統的調節

機能，改善神經控制和增強神經衝動的傳遞，提高人體主動肌同對抗肌、協調肌、固定肌之間的協調水準。經常進行力量素質訓練，同樣可以使人體肌肉工作時的供能狀況得到改善。按力量的訓練學特徵來看可分為：最大力量、力量耐力和速度力量。

1.最大力量

它是指運動員在肌肉做靜力和動力性隨意用力中所能發揮的最高能力和最大的絕對力量。最大力量的訓練方法：

（1）發展上下肢最大力量有：槓鈴屈臂，臥推槓鈴和負重深蹲。

（2）發展腹背肌最大力量有：高翻槓鈴，仰臥上肢負重收腹，負重俯臥體後屈。

（3）發展全身最大力量有：抓舉槓鈴和挺舉槓鈴。

2.力量耐力

它是指運動員在靜力和動力性工作中，長時間保持肌肉緊張用力而不降低工作效果的能力。力量耐力訓練方法有：

（1）俯臥撐或仰臥撐。

（2）由同伴握其兩腿做推小車練習。

（3）仰臥起坐，俯臥或仰臥兩頭翹。

（4）引體向上和懸垂舉腿等。

3.速度力量

它是指在最短時間裡發揮出肌肉力量的能力。從

雙節棍運動的技術特點來看，最主要的力量是速度力量。速度力量又包括快速力量、啟動力、爆發力、制動力。

（1）快速力量是在最短時間裡，最快速地發揮出的肌肉力量。如出棍發腿的快速力量。

（2）啟動力是在最短的時間，最快地發揮下肢的步法移動的肌肉力量。如各種步法的瞬間啟動等。

（3）爆發力是以最短的時間和最大的加速度克服一定阻力的能力。雙節棍運動中打擊的力量並非完全憑力氣，因為有許多研習者的肌肉並不發達，卻能集中全身的力量於發棍瞬間，從而打出強勁而有力的一棍。這是因為力量並不僅僅只產生於肌肉的收縮力，而是取決於爆發力，即手臂與腿腳的動作速度。爆發力是力與速度的乘積。它是提高擊打威力的主要因素。

（4）制動力是指以很高的加速度朝相反的方向運動的能力。如在急前進步攻擊對方後的急後撤步的制動力等。

速度力量訓練方法有：

（1）快速臥推槓鈴。

（2）結合各種步法負重沙背心和沙綁腿進行不同方向的彈跳練習。

（3）握啞鈴做各種拳法練習。

（4）持槓鈴杆站立快速平推。

（三）耐力素質訓練

耐力素質是指人體在長時間從事運動活動中克服疲勞而堅持活動的能力。也是人體健康和體質強弱的一個重要標誌。耐力訓練可分為有氧耐力和無氧耐力。無氧耐力又分為乳酸無氧耐力和非乳酸無氧耐力。然而一些研究表明，優秀研習者的意志品質與奮鬥毅力也是影響無氧耐力乳酸系統供能的一個重要因素。那些具有較佳的「吃苦精神」、「堅韌不拔」，能駕馭疲勞運動引起的不舒服感的修練者，能完成更多的無氧工作。

他們通常產生較高的血乳酸水平與消耗大量的糖原，他們能在短時間能量的供應中取得較好成績，所以，世界範圍內在所有競技運動上的優秀運動成績，人的意志品質、動機因素起著關鍵的作用，不過很難把這一因素歸類和定量分析。

有氧耐力訓練（亦即一般耐力訓練）主要採用強度小、負荷時間長的各種練習來進行。越野跑和勻速跑主要訓練有氧耐力，心率一般在 150 次／分左右，時間在 30 分鐘以上。跳繩也是有氧耐力訓練極好的方法，如果在雙節棍習練中感到笨拙，那麼，正說明習練者的手腳缺乏協調配合的能力，而跳繩則可幫助提高這方面的能力。跳繩不僅能使習練者增強協調能力、運動中的平衡感和心血管系統功能的耐力，而且還能使你感覺到腳下變輕。據李小龍稱：跳繩比跑步

更有益，因為 10 分鐘跳繩的運動負荷相當於 30 分鐘的中速跑的運動負荷。不過跑步和跳繩這兩種運動都是對心血管系統非常有益的活動。所以作為一名搏擊研習者，跳繩必須每天堅持不懈的進行。無氧耐力訓練主要採取負荷時間短、練習密度大和間歇時間短的方法進行。耐力素質訓練方法：

1.跑步訓練

（1）越野跑

①進行 10000 公尺長距離跑步訓練。

②每天進行 5000 公尺的跑步訓練。

③坡度上下跑（上坡跑提高強度和力量，下坡跑提高速度和頻率）。

（2）變換節奏跑

①進行 3000～5000 公尺的變換節奏跑步練習。

②進行山地、田野變換節奏跑步練習。

（3）跳躍跑

①進行 25 公尺往返跳躍跑步練習。

②進行 400 公尺往返跳躍跑步練習。

（4）間歇跑

①用 32～35 秒跑完 200 公尺，間歇 35～90 秒。重複 10 次進行練習，保持跑後心率為 170～190 次／分。

②用 15～18 秒跑完 100 公尺，間歇 35～90 秒。重複 10 次進行練習，保持跑後心率為 170～190 次／分。

（5）變速跑

慢跑 100～200 公尺後跨步跑 100～200 公尺；緊接著奮力衝刺 60～100 公尺，然後快步 50～100 公尺，緊接慢跑……重複練習，距離在 5000～10000 公尺之間。

2.跳繩練習

（1）跳繩 3 分鐘，間隔 25～50 秒，重複練習 5～12 次為一組，練習 2～5 組。

（2）連續跳繩 30 分鐘為一組，練習 2～3 組。

3.耐力素質訓練注意事項

（1）科學安排訓練強度、重複次數、休息間隔時間及採用的訓練手段。

（2）訓練要量力而行，循序漸進，持之以恆。

（3）訓練中負荷量安排要從實際出發，大於需要負荷量。

（4）耐力素質獲得緩慢、消退快，停止訓練 15～21 天，耐力消退至原水準。

（5）受訓者必須積極主動、自覺、刻苦地參加訓練。

（四）靈敏素質訓練

靈敏素質是指在複雜多變的條件下，技擊者由迅速、準確和協調地改變身體在空中的位置和運動方向，以適應這些變化條件的能力。靈敏素質是一種綜合素質，是速度、柔韌、力量等素質的綜合反映，因

而它是所有對協調，靈活，準確和應變能力有很高要求的運動項目的最重要的素質。

靈敏素質關係到動作的敏捷程度和準確程度的能力。由科學的靈敏訓練，能使大腦皮質的靈活性及神經過程的變換能力得到大幅度提高。靈敏素質訓練方法：

1.遊戲練習

（1）追逐練習

在同伴的配合下進行兩人追逐練習，開始前兩人保持3～5公尺間距，一方先跑，且跑動的路線隨意變化，另一方追逐，觸及對方身體任何部位算追上，兩人交換練習。

（2）應變練習

與同伴間隔3公尺左右，相對站立，同伴向前時，必須後退；同伴後退時，必須向前；同伴側移時，必須向反方向移動，練習2分鐘互換練習。

2.躲閃練習

（1）練習者自然站立，由兩名同伴手持小型橡皮球或乒乓球或排球向練習者投擲，練習者盡力躲閃，避免被投擲中。練習15～20秒為一組，重複3～5組。

（2）練習者持網球或乒乓球，距牆壁2公尺站立，向牆壁投擲網球或彈性球，待彈回時用手迅速接住，練習時雙腳要不停地前後左右移動，練習15～50秒為一組，重複3～5組。

3.活動靶練習

練習者在同伴持靶配合下進行靈敏練習。練習者運用各種技法攻擊移動中位置變化的拳靶和腳靶。練習 15～20 秒。

4.變向跑練習

（1）做向前 3～5 公尺衝刺，接後退 3～5 公尺，左衝 3～5 公尺後，右衝 3～5 公尺的練習。

（2）在地上畫一邊長為 5～10 公尺的正方形，做順逆方向跑的連續練習。

（3）蛇行跑 30 公尺折返跑，標誌杆間距 1.5 公尺。

5.立臥撐練習

在一定的時間內（30 秒或 60 秒）完成立臥撐的次數。

6.進行靈敏訓練注意事項

（1）進行靈敏素質訓練時，要突出人體腰髖部的訓練。

（2）靈敏訓練應安排在精神飽滿，身體能量充沛時進行。

（3）儘可能豐富訓練手段，運用各種方法提高靈敏素質。

（4）靈敏訓練時間不宜過長，必須注意訓練時間的控制。

（5）在訓練中，可以將靈敏訓練分為一般靈敏訓練和專項靈敏訓練。必須重視專項靈敏訓練。例如，

加強頭部與腹部的躲閃訓練。

（五）柔韌素質訓練

柔韌素質是指人的各個部位關節的活動幅度和肌肉與韌帶的伸展能力。提高柔韌性的方法很多，但要求強度不宜過大。一般來說，訓練者年滿 16 歲以後，柔韌訓練應逐步加大負荷量和負荷強度。

提高人體柔韌性的訓練方法基本有兩種，即主動性練習和被動性練習方法，具體可以為靜力拉伸練習法和動力拉伸練習法。

靜力拉伸練習法是指用緩慢的動作將肌肉韌帶等軟組織拉長，待拉到一定程度時暫時靜止不動。這種慢張力的拉長肌肉韌帶，可以有意識地放鬆對抗肌，使其緩慢拉長，以避免損傷和疼痛。因此，在柔韌練習中可多做靜力拉伸練習，一般將肌肉韌帶拉長至可能忍受程度，靜止 7～15 秒，重複進行 5～10 次。動力拉伸法是指有節奏、快速度、多次數的同一動作拉伸練習。根據雙節棍技戰術特點和持棍用力部位情況，雙節棍柔韌練習主要以上體柔韌練習為主，研習者在做練習時，應有所側重。柔韌練習方法有：

1.柔韌體操

（1）壓腕練習。雙手胸前合掌，向右壓腕有節奏地振壓至極限，再向左壓腕有節奏地振壓至極限，反覆練習（圖 3-33、圖 3-34）。

圖 3-33

圖 3-34

圖 3-35

圖 3-36

圖 3-37

圖 3-38

（2）腕肘練習。兩手胸前伸直，兩臂內旋，兩手交叉反握，屈肘後，以兩肘關節為軸，兩手由前向後再向前上方翻腕繞圈，來回練習（圖 3-35、圖 3-36、圖 3-37、圖 3-38）。

（3）肩部練習。身體自然放鬆，做單臂大繞環或

圖 3-39　　　　　圖 3-40　　　　　圖 3-41

圖 3-42　　　　　　　　圖 3-43

雙臂大繞環練習（圖 3-39、圖 3-40、圖 3-41）。

（4）髖膝練習。由坐姿挺直身體，雙手抱腳使雙腳合攏（足心相對），移動雙腳以腳跟部緊貼會陰處，雙手分按雙膝連續振壓進行練習（圖 3-42、圖 3-43）。

（5）假想練習。左腳向前邁出 9 公分左右，用前腳掌輕輕踏地，做身體向前、後、左、右、起、深的練習。假想身體是棵樹，雙腳似樹根深扎入地緊緊維

持身體平衡。假想有輕風吹動，將樹（身體）向各個方向微擺；假想站在洶湧的激流之中，水流沖來，沖勁極大，自己努力與之相抗衡。當身體重心過低時，假想有水的浮力將身體托起，當身體重心稍高時，想像在水中努力與浮力相爭，穩定身體平衡。

假想時意念不可強求，做似有似無的練習。練習中應有不求不捨之意，在陰陽對立、統一轉換間練習獲取效果。

（6）動作練習。動作練習包括足踝練習、膝部練習、腰髖練習、扭轉練習與肩、頸等部位的練習。練習時可選用節奏較強或節奏不明顯的音樂進行。這樣不僅可提高訓練興趣，亦可提高動作的完成質量。運動量可根據身體情況決定。一般以身體微出汗為宜。

2.器械練習

（1）壓腿練習

①正壓腿

一隻腳支撐身體平衡，另一隻腳放在體前物體上，反覆進行振壓練習（圖3-44、圖3-45）。

②側壓腿

一隻腳支撐身體平衡，另一隻腳放在體側物體上，反覆進行振壓練習（圖3-46、圖3-47）。

③後壓腿

一隻腳支撐身體平衡，另一隻腳放在體後物體上，反覆進行振壓練習（圖3-48、圖3-49）。

在做壓腿練習時（體前、體側），必須做到頭頂

圖 3-44

圖 3-45

圖 3-46

圖 3-47

圖 3-48

圖 3-49

與支撐在一條垂直線上（禁止偏前或偏後）；體前振壓時，鼻尖、壓腿腳尖和支撐腳應在一條直線上；體後振壓時，頭部、支撐腳和壓腿腳尖應在一條直線上；振壓時身體要緊貼腿部，以手掌不能自然插入為度。

（2）耗腿練習

耗腿是壓腿過程中把身體貼緊腿部靜止 7～15秒，亦可隨意延長。體前耗腿，體側耗腿。

（3）屈膝壓腿

①面對物體站立，屈膝上提，腳踩物體進行體前屈膝壓腿練習（圖3-50）。

②側對物體站立，屈膝上提，腳踩物體進行體前屈膝壓腿練習（圖3-51）。

3.常用的輔助練習

常用的輔助練習有：正踢腿、裡合腿、外擺蓮、側踢腿、正劈腿、側劈腿等常見的一些腿法練習，在

圖 3-50

圖 3-51

此不再贅述。

4.柔韌訓練注意事項

（1）柔韌訓練有易見效、易消退的特點，因此柔韌訓練必須長期進行。

（2）進行柔韌練習時，應當做好準備活動，並由慢到快、由易到難，防止拉傷肌肉韌帶。

（3）進行柔韌訓練時，要時刻注意保持肌肉的彈性。

（4）當身體特別疲勞時，不宜進行柔韌訓練。

（5）柔韌訓練可安排在日常訓練中，在早操、準備活動中均可進行。

（六）平衡素質訓練

平衡是一種控制身體重心位置的能力。平衡素質是有機體協調神經肌肉反應，以保持人體穩定性的能力，即隨時對人體重心控制的能力。運動中人體平衡主要是下支撐平衡，其實質是一種有限度的穩定平衡。影響人體下支撐穩定性的因素很多。可分為兩大類，即力學因素和生物因素。

1.力學因素

人體重量越大，則穩定度越大；人體重心越低，則穩定度越好；人體重力作用線至邊界支撐點的距離越大，穩定性則越大，人體平衡愈好。

2.生物因素

人體平衡不同於一般身體平衡，人體具備高級神

經活動等特殊因素。

（1）神經系統的影響。影響人體平衡的因素除外界作用外，還有來自人體本身的因素。例如，視覺和本能感覺的誤差，會造成身體肌肉用力不均，改變支撐面內的壓力分布，從而破壞平衡。

（2）心理因素的影響。由於心理變化而破壞人體收縮肌群的協調工作，從而導致支撐面內的壓力不均，使人體失去平衡。

（3）肌肉力量的影響。依靠肌肉收縮固定各關節實現平衡是人體平衡的又一特徵，因此說肌肉力量的大小會直接影響人體平衡。

平衡素質訓練方法：

1.簡易訓練

（1）做急衝中突然停止或改變運動方向的練習。

（2）做大幅度側身向前滑步練習。

（3）做下蹲快起，轉體 180°或 360°的旋轉練習。

（4）做頭部快速擺動、旋轉的練習。

2.器械練習

（1）利用秋千、彈網練習。

（2）利用平衡木練習。

（3）進行跳繩練習。

3.增強自控平衡能力的方法

（1）雙腳自然分開，位於身體正下方，間隔為一自然步。

（2）切忌全腳完全平貼地面，必須以前腳掌著

地，移動如彈簧，這樣可隨時加速、隨時停止。

（3）儘可能用膝部動作來增強平衡，且膝關節稍稍彎曲，保持放鬆和穩定。

（4）運動中控制身體重心儘可能採用碎步和滑步，避免大幅度跨步和跳步、交叉步。

（5）在出拳踢腿時，全身動作幅度不宜過大，以免影響自身保持平衡的能力。

三、雙節棍內功修練

（一）內功修練的目的和作用

內功修練，是練功者以意念為主導，利用人體內五臟六腑和經脈穴位的功能，借助空間的氣物質元素，透過各種方法，譬如調心（意念）、調息（呼吸）、調身（姿勢）等，淨化身心、採儲能量和開發潛能，從而強化人體機能，促進氣血循環，保持氣血興旺。

拳諺云：練拳不練功，到老一場空。任何一種道法或一門體系完整的武術流派，對內功修練都極其重視，內功修練實際上是一種心靈的體操，思想的六弦琴，使人的精神生活充實愉悅快樂，達到一種人與自然和諧統一的境界。如中國武術的精華部分站樁功法，它集強身、健身、養身、防身於一體，既練精氣

神，又練筋骨皮，能使氣血通暢，腰腎堅固，長期習練，不僅能獲得丹田之氣，增加內勁，而且能使人反應快速，心靈腦聰，逐漸形成「意到，氣到，力到，身到」的爐火純青的境界。

雙節棍道或雙節棍法也是一種道或法，一種借助運動而修練人性、培養良知的一種藝術方法。綜觀中國武林，大凡在武學上有所造詣的名家泰斗，技擊大師，沒有哪一個不是內功深厚而聞名於世。其實內功修練還表現在武德、倫理和精神等方面的修為上，它們是相互作用，互為因果，以達到術道並重，內外兼修，功德圓滿的最高境界。

內功修練是修心之道。內功修練是研習者由小我到大我至無我之階梯，亦是修習「平常心」、「不動智」之大道。

雙節棍內功修練主要以現代科學為基礎，以中國氣功為核心，廣泛借鑒藏密修持靈法、印度瑜伽、西方催眠術、日本空手道呼吸法、合氣道、韓國跆拳道內煉法、泰拳精神修練等中的精華部分，本著科學、實用、簡便、高效原則創編而成。

當然雙節棍內功修練並不只局限於雙節棍，其他一些搏擊項目都可以依此法練習。

雙節棍內功修練主要由調心（意念）、調息（呼吸）、調身（姿勢）三部分構成。內功修練的精髓，在於淨化身心、採儲能量、開發潛能和發揮良能。

淨化身心，即透過內功修練，運用調心、調息、

調身等方法，淨化人體的物質能量、思想心理、外部形體、內部器官，從而清除人體有形之體和無形之物質中的雜質，使其純淨。內功修練的關鍵就在於淨化身心的過程。淨化身心的過程也是不斷採儲能量激發潛能的過程，所以，淨化身心是內功修練的基礎。

古人云：「故虛心無欲非求於道，而道自歸之」，「養丹田，淨六腑，……可以變朽為榮矣。」即是說，在內功修練中，只要做到「身心」處於淨化狀態，那麼，自然會達到平秘陰陽、疏通經絡及扶正祛邪的效果，練功效應即可不求而自得。

這種淨化身心的過程對研習者來說，也就是「祛邪」的內功自療的過程。

採儲能量，包括採攝能量和儲存能量兩個方面。即通過內功修練，在淨化身心的過程中採攝宇宙中的精微物質（氣、光、音等被稱為「自然之元氣」的能量信息物質），並促發人體內的能量物質（即所謂「先後天之氣」），使人體能量物質不斷從質和量上提高。這個過程也就是「扶正」的內功自療過程。

開發潛能，就是由內功修練，使人體的正常功能得以延伸發展（譬如，研習者透過內功來提高雙節棍的技戰術水準和運動成績，增強人體擊打和抗擊打的能力）和使人體潛在的超常功能得以開發而表現為特異功能，只有當身心得以不斷淨化，能量採儲相當充足時，人體的潛能才會被開發出來。

發揮良能，指由內功修練，掌握更有效的運動方

法來進行技術錘煉，合情合理地使用自身的體力和精力，最大限度的發揮自身的創造能力和潛在能力。培養品德，錘煉人性，使自己做事得體，凡事講求方法和效益，達到事半功倍，為社會作貢獻。

（二）內功修練的基本方法

無論哪種內功修練，都很強調意、氣、形，即內功的三大要素：調意、調息、調身。

1.調 意

調意，又叫調神、調心，是指內向性地運用意識，不斷調整心神和意念，從而結合形和氣來達到某種優化的生命狀態。

在內功三要素當中，調意是最關鍵的一步，因為內功本來就是以意念為主導的健身強身方法。

古人云：「達摩西來一字無，全憑心意用功夫」，這是對達摩祖師最具代表性的贊語。從內功的角度來看，可以這樣理解：內功修練主要是靠運用自己的意識，即憑心意下功夫，內向性運用意識，使自己的意識活動與自己的生命活動結合起來。所以，對達摩祖師的這句贊語備受氣功界的推崇，而且也成了儒、釋、道、醫、武各家各派的練功方針。

《黃帝內經素問・上古天真論》中說：「恬澹虛無，真氣從之，精神內守，病安從來。」「恬澹虛無」不只是身體的放鬆，關鍵是意識的放鬆，身體放鬆是為了意識的放鬆。只有當意識放鬆後，由「精神

內守」即意識的內向性運用，才能激發真氣、袪病健身，強健體魄，延年益壽，這充分說明了意識在內功中的重要性。

《莊子·刻意》中說：「純素之道，唯神是守。」《莊子·人世間》中還詳細介紹了「心齋」即運用意識練功的方法，這實際上與管子所說的「心術」以及荀子所說的「治氣養生之術」在強調調意上是不謀而合的。道家一部重要的內丹著作《唱道真言》中說：「練心者，仙家徹始徹終之要道也。」所謂練心，即調心、調意的意思。由此可見調意的重要性。

內功鍛鍊的效應在很大程度上是靠內氣的作用，而內氣是由意念所導引的。古人云：「氣隨意行，意之所到，氣必隨之。」《易筋經·內壯篇》又說：「人身之精神氣血不能自主，悉聽於意，意行則行，意止則止。」由意念對氣的引導控制，方可達到強身健體、袪病延年的目的。

實際上，很多練功者有這樣的體會：練功幾個月，體內並沒有明顯的內氣感受，而身體強健了，疾病已被治好了，這是因為，真正要練到有明顯的內氣感受，是需要一個相當長的時間的，練功時間越長，內氣越充盈，人體靈敏度和可感受度均得以提高，氣感就越強。這並不是說氣感不強，內功便沒練對或者無效。其實，由於意念的作用，儘管人體感受不到，內氣卻已隨意念起到了強身健體療疾的作用。

在內功鍛鍊時，當我們充分放鬆入靜、調整意念，遠遠地離開每天都在不斷煩擾我們的景象和聲音，從而能使自己單獨面對自己的思想。在這種狀態下，潛在的意識便浮上心頭，老子所說的「忽兮恍兮，其中有象」中的「象」字即是指此。這種內功活動不僅鍛鍊了自己的大腦，還挖掘了自己的潛能。

從另一方面來說，在這種高度鬆靜的「恍惚」狀態下，人們的大腦中思緒少而清晰，甚至是一片空白，便會產生一種刺激饑餓感，在高度內省下，視而不見，聽而不聞，大腦異常刺激般地警覺。恰如其分而來的內功意識剛好滿足它的需要，於是被貫徹到大腦深處，成為長期的暗示，從而開發智能。人腦是地球上最複雜的物質之一，由 1000 億個神經元構成，但人們挖掘的僅僅只是整個大腦資源的 5%，而內功的「調意」訓練卻能夠挖掘大腦中更多的資源。

據心理學家定量研究表明，「調意」可使人情緒穩定、性格優化，提高心理健康水準。據報載，心理學專家王極盛研究員在一項對練功人群（125 人）的心理健康定量調查和研究中獲得以下數據：

練功使情緒穩定性有所增進與增進較大者占 91.4%，使情緒愉快有所增進與增進較大者占 92%，使情緒緊張有所降低與降低較大者占 87.2%，使情緒控制能力有所增強與增強較大者占 90.4%，使意志自制能力有所增強與增強較大者占 89.6%，使情力有所增益與增益較大者占 96%，使適應環境能力有所增強與

增強較大者為 84.8%。由此可見，氣功「調意」對人的心理健康有良好的作用。

調意是氣功鍛鍊最重要的環節，現介紹常用的一些調意方法：

（1）放鬆法

這是練任何一種內功都必須做的一步。用意念誘導身體各部分逐步放鬆，使意念放鬆和肉體放鬆統一起來，所謂意念放鬆，實際上就是排除大腦倏來倏去的複雜思緒，以一念代萬念，或使大腦一片空白。古人所謂「地靜不如身靜，身靜不如心靜」，即是如此。

（2）念法

默念或出聲念詞句，或默數數字，化雜念為正念，集萬念為一念。念法分念詞法和數息法。

①念詞法：

念詞法是專指默念或明念根據練功和治病需要自編的或功法所編的字句，如「鬆」、「靜」、「自然」等等。字句的內容對練功者有很好的暗示作用，同時配合呼吸，如練功時，吸氣念「靜」、呼氣念「鬆」，對強身健體療疾有很好的幫助。

②數息法：

練功時默數自己的呼吸次數，從一到百、到千、到萬，從而起到以一念代萬念的作用。

（3）意守法

意守即把意念完全集中在某一點上，將一切雜念

排除，從而入靜。意守法分以下幾種：

①意守丹田法：

這種意守方法是內功中經常使用的意守法（此處「丹田」指下丹田），不僅能使意念集中，而且由於意注丹田，對臟腑機能有特殊的調整作用。

②意守穴位法：

不同穴位屬於不同的經絡，有不同的作用。意守某個穴位，可對其所在經絡產生影響，從而調整相應臟腑的機能。

③意守體外法：

注意體外的某一物體（如樹木、日月等），或者意想令人心情舒暢的事情和事物。

④意守病灶法：

練功時意守病灶，這是氣功自療中經常應用的，哪裡有病便意守哪裡，可使氣功自療的效果更好。

⑤意在呼吸法：

又稱「聽息法」，即練功中意念放在自己的呼吸上，靜聽自己的輕微呼吸之聲。

⑥雙節棍默想訓練法：

西方心理學家發現，人們在默想時由於沉浸在自己的內部世界之中，常常大量地產生一種「阿爾法波」（由於大腦比較平靜，而產生的一種較慢的電脈沖，或者說較慢的波）。他們認為，進入阿爾法是開發高智力的關鍵。

雙節棍內功修練中默想訓練，在現代體育中稱為

「念動訓練」或「念動表象訓練」。這種訓練是練習者有意識地、積極地利用自己頭腦中已形成的運動表象，使之重現，並輔重以適當語言暗示進行的訓練方法。

人體在進行意念活動時，能產生一種本能的不自主的肌肉運動，使大腦皮層的運動感覺細胞與運動錐體細胞以及其他分析器官中部分與運動有關的細胞間的機能聯繫加強。雙節棍默想訓練可以有效地鍛鍊人體大腦功能，溝通大腦與肌肉之間的神經聯繫，有利於提高中樞神經系統對肌肉活動的支配能力，利於最大限度地發揮自身潛能。

雙節棍默想訓練分以下步驟進行：

（1）確立暗示語。如默想練習雙節棍時可用「鬆肩、肘、腕」、「舞棍要快出快收」等暗示語。

（2）掌握放鬆訓練方法。在進行默想訓練之前，先用放鬆訓練進入身心鬆弛狀態。

（3）進行默想訓練，由站姿或坐、臥姿開始，可睜開雙眼或閉眼練習。

〔例〕　雙節棍擊打默想練習

練習者想像自己由戒備姿勢持雙節棍開始，前腳前移，右手握棍緩緩向體前劈擊，收回。配合語言：

①鬆體、移步；
②鬆肩、肘、腕；
③體前劈擊、收；
④原位擊打、收；

⑤前後移動擊打、收；

⑥周邊移動擊打、收。

調意的方法有很多種，上述這些方法是經常使用的。

2.調 息

內功是一種「意」的功夫，在某種程度上來說，內功又是一種「氣」的功夫。「調息」也是內功三要素之一，即「調整呼吸」的意思。

調息不是內功鍛鍊的目的，而主要是一種調節手段，目的在於改善肺的功能，增加血液中氧的濃度，發揮肺的非呼吸功能，調節植物神經的活動，促使大腦出現保護性抑制，並強化免疫作用。由調息，還可促進臟腑的蠕動，加強臟腑的功能，並激發先天精氣，把先天氣和後天氣結合起來。

調息以調整口鼻呼吸為暫時手段，然後，隨著功夫加深，逐漸轉為皮膚吸呼甚至體內呼吸（胎息），而形成獨具個人特色的氣功呼吸法。調息切忌大呼吸、勉強、著力，或者片面注意調息而忽視其他。

雙節棍呼吸訓練法：

為了適應和加強雙節棍的攻防技戰術練習，使呼吸與身體的運動相協調以產生最佳運動效果。在雙節棍內功修練中，也可進行下列專門的呼吸方法訓練：

在吸氣時，用舌尖輕輕抵住上牙齒根，可以用鼻吸氣或鼻口同時吸氣。在呼氣時用舌尖輕輕抵住下牙齒根，可以用口呼氣或鼻口同時呼氣。

（1）深長式呼吸

即深吸深呼氣。深吸深呼氣要深、長、均、細。

（2）短促式呼吸

即快吸快呼氣。短促式呼吸要求短、快。

（3）變換式呼吸

①深吸快呼氣：即深長吸氣後快呼將氣呼出。

②快吸深呼氣：即快速吸氣後深長呼出。

不同的呼吸方法在雙節棍訓練中用途亦不相同，呼吸在雙節棍法中有著重要作用，練習者需深入實踐體會與靈活施用，才能在技擊中運用自如。

3.調 身

調身，即是調整身姿，擺好姿勢，鬆弛身體，使練功者在練功過程中身體各部分合乎生理的自然狀態。內功修練中，姿勢是練習者的必修內容，亦是通往成功的必經途徑。各派功法各有不同的姿式，不同的姿式有其不同的生理特點，從而有不同的強身健體作用。調整身姿，對內氣的運行影響很大。調整適當的身姿，鬆弛的肌肉是順利進行調心、調息的先決條件，所以在練功過程中，保持身心放鬆是一個最基本的環節。

內功修練中，放鬆是由特殊訓練方法使練習者身心放鬆。放鬆可以改善人體中樞神經系統，尤其是在腦的調節支配機能，可以提高人的內部感覺的敏銳性和內在表象的清晰度。放鬆有利於消除人體神經緊張，改善情緒，加強大腦血液循環，提高中樞神經系

統的機能水準。同時，放鬆能使長時間處於緊張收縮
狀態下的骨骼肌，調整中等程度的放鬆狀態，有助於
肌肉組織的休息和機能恢復。

　　放鬆最明顯的作用在於消除疲勞，恢復體力，調
節情緒，穩定心理過程。

　　內功修練的姿式有很多種，但畫分起來大致不外
乎坐、臥、站、行四種。坐式包括盤膝式、平坐式、
靠坐式等；臥包括仰臥、側臥等；站式包括站樁式、
自由站式、站式動功等；行式則更多，限於篇幅，這
裡不再贅述。

　　（1）臥姿

　　內功修練中有許多臥姿，現選擇最為常用的自然
臥姿、安詳臥姿和側勢臥姿等介紹發下：

　　①自然臥姿

　　練習者身體自然仰臥，雙眼微閉，舌頭輕抵上齒
根，嘴唇輕閉，雙手分置身體兩邊，雙腳間距 6～10
公分，雙腳尖自然向兩邊傾斜，身體放鬆，呼吸平穩
自然（圖 3-52）。

圖 3-52

圖 3-53

圖 3-54

②安詳臥姿

練習者身體仰臥，雙眼微閉，舌尖輕抵上齒根，嘴唇輕閉，雙手按於腹部（按於肚臍處，左手在下，右手在上），雙腳分開約同肩寬，雙腳尖自然向兩邊傾斜，身體自然放鬆，呼吸平和（圖 3-53）。

③側勢臥姿

練習者身體自然左側臥，雙腿自然彎曲，右腳足心緊貼左腳踝部，左手指置於左腿大腿外側，左臂自然彎曲，右手置於右腿大腿內側，身體自然放鬆，呼吸深、長、均、細、衡（圖 3-54）。

（2）坐姿

雙節棍內功修練中，坐姿有雙盤坐姿、單盤坐姿、鬆弛坐姿、警覺坐姿和敏銳坐姿。

圖 3-55　　　　　　　圖 3-56　　　　　　圖 3-57

①雙盤坐姿

練習者將右腳放於左膝部，將左腳放於右膝部，雙手疊置於腹部（左手在下，右手在上，置於肚臍處），身體放鬆，呼吸自然、平穩（圖 3-55）。

②單盤坐姿

練習者屈腿內收，雙腳重疊緊貼會陰處（左腳在下，右腳在上，女性免練），雙手分置於膝部，身體放鬆，呼吸自然、平穩（圖 3-56）。

③垂腿坐姿

坐在高低適宜的椅凳上，以大腿保持水平為度，小腿垂直，兩腳平行著地，兩膝間距離以兩拳為準。兩手心向下，自然置於大腿上。兩肩下垂，直腰含胸，下頜向後收，頭頂如懸。體態以端正自然為準，頗易採用。呼吸深、長、均、細（圖 3-57）。

（3）站姿

雙節棍內功修練中，站立姿勢很多，在此介紹最

圖 3-58

圖 3-59

圖 3-60

為常用的三種站姿，即：自然站姿、警覺站姿和敏銳站姿。

①自然站姿

練習者身體自然站立，雙手下垂體兩側，雙腳間隔約同肩寬，雙眼輕閉或平視前方，呼吸自然、平衡（圖 3-58、圖 3-59）。

②渾圓樁功

兩腳同肩寬，腳尖向前，既不外撇，也不內勾，自然站立；兩膝向前微曲，身體正直；胸微內含，小腹放鬆；兩手抬至胸前，手指微張，相距約 30 公分，距胸約 20～25 公分，環抱成橢圓形，高不過肩；頭正直，兩眼向前平視（閉目或半閉目亦可）；口似張似閉；以鼻自然呼吸。此樁為意拳的基本樁，宜健身，又能夠治療多種慢性病，是意拳的基本功（圖 3-60）。

③安詳站姿

兩腳並立，兩手覆於丹田（左手掌心覆於丹田，右掌心覆於左手背上）。身體自然放鬆，鬆肩垂肘，含胸拔背，虛心實腹，呼吸深、長、均、細、衡（圖3-61）。

圖 3-61

不論以何種姿勢練功，均應保證放鬆、入靜、自然三大原則。要做到鬆靜自然，在內功調身時，應注意以下幾點：

（1）頭頂輕靈

即頭頂百會穴部位有上頂青天之意，而大腦意識有高懸空中的感覺，這樣有助於督脈之氣自然上升而「神氣貫頂」，任脈之氣自然下降使「氣沉丹田」，從而加強任督脈的內氣循環。百會穴統領百脈，此穴機能旺盛，則精神飽滿、周身舒適。

（2）頸直鬆舒

頸項是與身體聯繫的樞紐，是神經血管經絡等上下運行的通道。項不直則氣血受阻，項直則氣血通暢。但項直而不能僵硬，僵硬仍然使經絡受阻。直中有勁，才是正確的姿勢。

（3）含神正視

《黃帝內經素問》說：「五臟六腑之精，皆上注於目。」眼總括機體之精氣，體現出精神變化。兩眼正視則心正意正，而且，含神正視，同時意視周身和周圍，有利於精神內守。

（4）含頦藏喉

含頦即頦往內收。下頦內收，頭自然上頂，脊椎於是隨之節節撥開，使督脈和中樞神經機能旺盛。但收頦要適度，不可勉力而收。藏喉是將喉結凹陷處藏住，可使胸部舒鬆，內氣下沉，增強任脈功能。

（5）含胸拔背

含胸拔背與含頦藏喉相輔相成。含胸即胸稍內收，從而使胸部舒鬆，內氣自然下降到丹田，疏通任脈；拔背即背部舒展，使脊柱鬆開，從而使督脈通暢。

以上幾點幾乎是各派氣功調身時均要求的，至於身體其他部位，不同功法有不同要求，此處不贅述。

（三）內功修練的要訣

1.樹立「三心」

所謂「三心」，即信心、決心、恆心。從嚴格意義上來說，這「三心」也是內功修練「調意」的一步。分述於下：

（1）信心

堅定的信心是內功修練的關鍵。有了堅定的信心，就有了強大的意志力，而強大的意志力不僅對練功有良好的促進作用，其本身對強身健體療疾也有一定的療效。堅定的信心表現為兩點：第一，堅信氣功能使自己身心健康、防治疾病和延年益壽；第二，堅信自己能練好內功。如果缺乏信心，三心二意、練練

停停，那就不可能取得好的效果。

（2）決心

有了堅定的信心，才會有決心。如果沒有決心，不能堅持練功，就會半途而廢。對任何一位練習者來說，如果不具備堅韌、深沉、果敢、無所畏懼、百折不撓的內在氣質，其武技根本不可能達到至高境界，成為技擊高手。而練習者唯有堅定內功和精神的修練決心，才能不斷深化和超越自我，步入雙節棍道的神聖殿堂。

（3）恆心

研習者在進行內功修練之前，首先要認識到內功修練的重要性及其長期性、艱巨性。修練過程中是不可能一帆風順的，練習者唯有自強不息，持之以恆，頑強拼搏，方可能修有所成。既然內功修練是一個艱苦而長期的過程，要想取得好的效果，或者練功有成，就必須有恆心，有恆心是在有信心和決心的基礎上才能做到的。

2. 自然原則

內功修練，關鍵要以自然為原則。老子曾說：「人法地，地法天，天法道，道法自然。」千古以來，這句話備受武術界推崇。

所謂自然原則，是對以下幾方面而言：

（1）對內功修練中出現的各種現象要順其自然。

①在內功修練時，有時身體某些部位會出現痛、癢、冷、熱、輕、重、澀、滑、掉、猗、涼、暖、

實用雙節棍

浮、沉、堅、軟等感覺，這些感受叫氣功「十六觸」（有人稱前八種或後八種為氣功「八觸」）。這些感覺，都是練功中出現的正常反應，不必驚恐，不必喜悅，也不要著意追求。

②在練功之中，有時除了「十六觸」以外，還會出現一些其他的內功修練現象，譬如眼前出現各種圖像，耳邊似乎聽到聲音，或什麼感覺都沒有，這都是正常現象。看到的、聽到的並不一定真實，不要相信，也不要著意追求，要順其自然。

（2）練功時要自然而行，不要過於執著。有人練功時，一心想快速達到某種效果。著力追求、勉力而行，這樣不僅對內功鍛鍊無益，相反還容易出現偏差或其他副效應。

3.放 鬆

如前所述，放鬆是指心理（意念）和身體放鬆。心理放鬆，主要通過的練功前以對美好事物的觀察或回憶，或者默念有助於放鬆的詞句等方法達到。練功中不要緊張、煩躁，身體的放鬆是十分必要的。身體放鬆後，內氣才能順利運行。

4.入 靜

入靜是指練功中的思維活動的簡化和精神狀態的安寧。入靜主要透過「調意」來達成，充分入靜，可使大腦皮層機能得到改善，也能更好地做到身心放鬆。入靜是「以意領氣」的基礎，而「以意領氣」是氣功鍛鍊的重要部分，由此可見入靜的重要。

5.辯證練功

所謂辯證練功，是指根據自己練功的目的或身體疾病來選擇適當的功法並且要用適當的方法來練習。不同的功法，在效果上是不同的。正如成千上萬種藥物一樣，內功功法也有成千上萬種。如果治某一種病，絕對不能盲目地找一種功法拿來就練，而是要根據疾病的不同，適當地選擇功法，才會有效。

譬如說，體質弱的患者宜練靜功，體質好的患者可練動功；性格內在文靜的患者多練動功；性格外向活潑的患者多練靜功；虛症患者宜練靜功，實症患者宜練動功，等等。

總之，進行內功修練時要根據練習者的目的和要求的不同而選擇適當的功法及練功方法。

雙節棍的基本技術

> 　　一蜂至微，亦能遊觀乎天地；一蝦至微，亦能放肆乎大海。
>
> 　　　　　　　　　——關尹子

雙節棍是畫圓的運動。雙節棍技法的好壞取決於對棍的控制程度，而控棍的要點在於使 B 棍（揮出棍）與鏈子成一直線。其中發力應有使棍向外飛出去（以手腕為軸的圓周運動）的感覺，使其產生離心力。做到這些，雙節棍的運行軌蹟就可以穩定下來，要任意使棍也就不難了，不過這可不是一下子所能體會得到的。每一種棍法都需要上千次、上萬次的刻苦訓練才能成功。

一、雙節棍基本握棍法

雙節棍的握法講究自然和諧，實用順暢，靜中陰陽平衡，動中陰陽交錯，變化莫測。基本上有一陰一陽，或雙陰或雙陽的握法。

1.陽手握

手心自然向下或向外握棍端（兩拳眼對棍鏈），稱陽手握（圖 4-1）。此種握法在實際中最為常見。

2.陰手握

手心自然向上或向內握棍端（兩拳眼對棍端），稱陰手握（圖 4-2）。

3.陰陽握

一手手心向上握 A 棍，一手手心向下握 B 棍（兩拳眼同時朝向同一方向），稱陰陽握（圖 4-3）。

雙節棍一般來說，手握棍用 A 棍來表示，揮動棍

| 圖 4-1 | 圖 4-2 | 圖 4-3 |

或攻擊棍用 B 棍來表示，或者右手握的棍用 A 棍來表示，左手握的棍用 B 棍來表示。本書中全部以 A 和 B 棍來表示的。

二、雙節棍揮動的途徑

雙節棍的運動途徑幾乎是全方位的，多角度的，東西南北、前後左右、上下高低、斜直方圓、四面出擊、八面玲瓏。可以從同一姿勢同一方位出發，而能以不同的路線、不同的方向、不同的途徑，擊中不同的目標，而事先並無半點徵兆，達到出其不意，攻其不備的效果。使得雙節棍成為令人難以預料，難以防守的神奇武器。

雙節棍揮動的途徑比較複雜，要好好研習才能掌

握。揮棍時兼做前進、後退等步法，做到手、眼、身、步法協調一致，方能達到預定目標。可採取如下練習：

（1）上下揮動（劈下、撩上） 不扭腰的揮動。

（2）斜面揮動（斜劈、斜挑） 扭轉腰的轉動。

（3）橫面揮動（橫掃前、後、左、右）。

揮動的技術要領：肩部要放鬆，輕鬆而自然的揮動。揮動時伴隨前進、左右步法的移動，練習這個動作，可以說已接近實際的雙節棍，由慢到快。

三、雙節棍的攜棍出棍技法

雙節棍是一種精簡實用的奇門兵器，它短小精悍，實而不華，而且隨身攜帶方便簡捷，不至於像刀槍劍棍等一類長兵器那樣攜帶笨拙，且招搖過市，缺少隱蔽性。所以，很多的習武者對雙節棍情有獨鍾，每日勤練不輟。

但一些研習者只注重棍招技法的修練，卻忽視了對快速取棍出棍能力的培養。在現實生活中，很多情況下是突遇歹徒，在這種情形之下，誰先取出武器搶先進攻，誰就占優勢，兵貴神速。所以，取棍出棍的速度是搏鬥勝負的關鍵所在。

攜棍的方法較為適用且方便快速的有三種：即左腰側攜棍、右腰側攜棍和背後攜棍法。

圖 4-4　　　　　　圖 4-5　　　　　　圖 4-6

1.左腰側攜棍出棍法

疊握雙棍，鐵鏈朝下扎於左腰帶
（最好是練功腰帶）下，外穿上衣。
出棍時，右手抓握雙節棍的外端向右
上方抽出，同時拇指、食指握住上面
一棍，其餘三指鬆開下面一棍，可順
勢連接內劈、內挑、內掃等進攻棍招
（圖 4-4、圖 4-5）。

2.右腰側攜棍出棍法

圖 4-7

疊握雙棍，鐵鏈朝上扎於右腰帶
（最好是練功腰帶）下，外穿上衣。出棍時，右手迅
速於背後將疊握的雙節棍抽出，可順勢連接翻山越
嶺、射棍、刺棍等進攻棍招（圖 4-6、圖 4-7）。

3.背後攜棍出棍法

疊握雙棍，鐵鏈朝下扎於背後腰帶（最好是練功

圖 4-8　　　　　　　　　圖 4-9

腰帶）下，外穿上衣。出棍時，右手抓握雙節棍的外端向右上方抽出，可順勢連接翻山越嶺、外挑等進攻棍招（圖 4-8、圖 4-9）。

四、雙節棍的步法移動技巧

　　拳諺云：技擊步為先。步為百練之祖。搏擊是不斷運動變化的，要想有效的運用技巧，就必須依賴於自身的步法，借助步法可以迅速地接近對手，也可以靈活地躲閃，擺脫困境。正確的步法可以在運動中保持良好的平衡，能夠有力地發起進攻和避開對手的攻擊，同時也可做好反擊的準備。

　　步法運用的目的是用最少的動作來取得最有效的結果和速度。一個人武藝的高低關鍵在其步法的運用

上，其實步法本身就是一種強有力的武器。步法靈活，進身快捷，自然在搏鬥中占優勢。步不穩則拳亂，步不快則拳慢；步不實則拳散，步不活則拳死。所以，雙節棍研習者要想達到一個更高的境界，必須重視步法的訓練。

在雙節棍練習中，水平移動為最好的身體移動方法。實際上也免不了有上下移動，盡量保持自然體的姿勢將身體水平移動做劈打、橫擊，挑掃，而後要能立即返回自然體的姿勢最好。要反覆練習穩定身體重心，保持身體平衡的動作，才能迅速而正確地掌握步法移動，達到左右逢源、前後呼應，攻守自如的境地。

（一）步法運用的原則

（1）步法動作要儘可能的精簡，相對來說，步幅越小越好。

（2）一般來說，先移動與方向最近的那隻腳，如前移時先出前腳，後撤時先撤後腳，左側移時先移左腳，右側移時先移右腳。

（3）雙膝時刻保持微屈，保持放鬆和穩定，雙腳不要死死釘在地上。

（4）隨時保持正確的戒備勢，無論如何移動均能任意地進行攻防。以兩腳的前掌高度敏感地滑動，滑動時，腳步應輕，身體重心放在兩腳之間。

（5）步法的訓練，必須與各種棍招、手法、腳法

圖 4-10 　　　　　　　　圖 4-11

配合進行。

(二)基本步法

1.進 步

戒備勢站立。後腳向前蹬地的同時，前腳向前進半步，後腳再跟進半步。落地後基本姿勢不變（圖4-10、圖4-11）。

【要點】：進步幅度不宜過大，後腳有向前蹬地動作。

2.退 步

戒備勢站立。前腳向後蹬地的同時，後腳後退半步，前腳再退回半步。落地後基本姿勢不變。

【要點】：參考「進步」。

3.斜進步

戒備勢站立。左（右）腳向左（右）前方側進步，隨之重心前移，右（左）腳 隨之跟時，身體姿

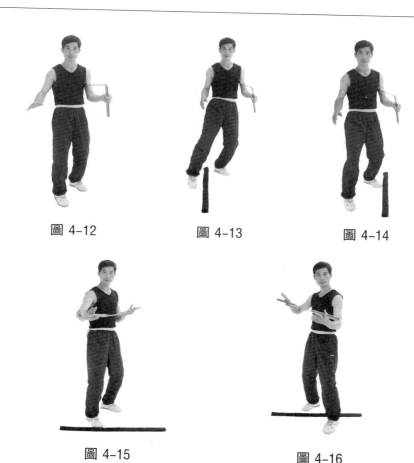

圖 4-12　　　　　圖 4-13　　　　　圖 4-14

圖 4-15　　　　　　圖 4-16

勢不變（圖 4-12、圖 4-13、圖 4-14）。

【要點】：幅度不宜過大，斜進後成基本姿勢。

4.上　步

戒備勢站立。後腳向前上一步，同時左、右拳前後交換成反架姿勢（即右腳在瓣，左腳在後的格鬥姿勢）（圖 4-15、圖 4-16）。

圖 4-17　　　　　　圖 4-18　　　　　　圖 4-19

【要點】：上步時身體不能前後擺動，上步與兩手要同時交換。

5. 撤 步

戒備勢站立。前腳向後撤一步，成右前左後，左腳跟離地，右腳尖外展，重心偏於右腿（圖 4-17、圖 4-18）。

【要點】：撤步不宜過大，重心移動不要明顯。

6. 插 步

戒備勢站立。後腳向左橫移一步，腳跟離地，兩腳略呈交叉（圖 4-19、圖 4-20）。

【要點】：插步時身體不要轉動，左側面仍與對手相對，插步後要及時還原成預備式。

7. 換 步

戒備勢站立。左腳與右腳同時蹬地並前後交換，同時，兩手也前後交換成反架姿勢。

圖 4-20　　　　　圖 4-21　　　　　圖 4-22

圖 4-23　　　　　　圖 4-24

【要點】：轉換時要以髖關節帶動兩腿，身體不能明顯向上騰空（圖 4-21、圖 4-22）。

8.躍　步

右腳蹬地後前跨躍一大步，左腳繼而再向前一步（圖 4-23、圖 4-24）。

【要點】：兩腳動作要連貫、迅速，上體不要前後晃動，騰空不要高。

五、雙節棍的戒備姿勢

在介紹雙節棍的戒備勢之前，先說一下雙節棍的自然姿勢，雙節棍的自然姿勢是雙節棍所有姿勢的基本姿勢，方法是：兩足前後拉開，與肩同寬，重心放在兩足之間，兩膝微屈，兩腿肌肉放鬆，上體挺直，下顎微收，目視前方，站如釘，行如風。

雙節棍的戒備勢不僅是基本棍招的出發點，也是某一棍招結束後的身體狀態，因此，在實戰中戒備姿勢常常是連接上一個棍招和下一個棍招的過渡動作，起著非常重要的作用。雙節棍的戒備姿勢靈活多變，運用起來非常複雜，分為單棍戒備勢和雙棍戒備勢。下面都以右側為例：

（一）單棍戒備式

1.夾棍勢（白蛇吐信勢）

【動作方法】：右手握 A 棍於體前，右腋夾住 B 棍端，左臂自然伸出，直視對手（圖 4-25）。

圖 4-25

圖 4-26　　　圖 4-27　　　　圖 4-28　　　圖 4-29

2.垂棍勢

【動作方法】：

（1）同側垂棍勢：右手握 A 棍置於身體右側，B棍自然下垂（圖 4-26）。

（2）異側垂棍勢：右手握 A 棍置於身體左側，B棍自然下垂（圖 4-27）。

在實戰中，可以由身體的轉動輕鬆自然地從同側垂棍勢轉換到異側垂棍勢。

3.扛棍勢

【動作方法】：

（1）正面扛棍勢：右手握 A 棍，棍鏈搭在頸後，B 棍垂於體前（圖 4-28）。

（2）同側扛棍勢：右手握 A 棍，棍鏈搭在右肩上，B 棍垂在背後（圖 4-29）。

（3）異側扛棍勢：右手握 A 棍，棍鏈搭在左肩

圖 4-30

圖 4-31

圖 4-32

上，B棍垂在背後（圖 4-30）。

4.疊棍勢（烏龍翻騰勢）

【動作方法】：

（1）將二棍併疊握於右手，可靈活置於體前、身體左側或右側（圖4-31）。手的位置可高可低。

（2）將二棍棍鏈的兩端疊握於右手中（包括棍鏈），置於身體的右側（圖4-32）。

圖 4-33

5.背棍勢（蘇秦背劍勢）

【動作方法】：

右手握A棍於肩上，左手伸至右肋下握住B棍，棍鏈靠近右肩，直視對手（圖4-33）。

6.握棍勢

【動作方法】：右手握A棍、左手握B棍於體前，

圖 4-34

圖 4-35

圖 4-36

直視對手。此勢雙手的位置較自由，可視實際情況的不同而調整最適宜的位置（圖 4-34、圖 4-35）。

7.藏棍勢

【動作方法】：右手於身體右側握棍，左手於身體左側握棍，棍鏈藏於身後（圖 4-36）。

8.架棍勢

【動作方法】：右手握 A 棍，以左手虎口架起 B 棍，雙臂緩緩抬高，左手在體前，右手抬至頭部高度（圖 4-37）。

圖 4-37

（二）雙棍戒備勢

1.雙夾棍

【動作方法】：雙手各持一副雙節棍，分別成夾棍

| 圖 4-38 | 圖 4-39 | 圖 4-40 | 圖 4-41 |

勢（圖 4-38）。

2.右夾左垂勢

【動作方法】：右手成單夾棍勢，同時左手成垂棍勢。左手可置於身體右側（圖 4-39）；也可成左夾右垂勢（圖 4-40）。

3.雙垂棍勢

【動作方法】：雙手各持一副雙節棍，分別成垂棍勢（圖 4-41）。

六、雙節棍的棍招技法

雙節棍技法看上去千變萬化，令人眼花繚亂，很難掌握，其實萬變不離其宗，都可以分解成最簡單最實用最基本的棍招技法，即進攻招法和防守招法。

圖 4-42　　　　　圖 4-43　　　　　圖 4-44

（一）進攻招法

1.劈

以棍端由上向下向前向敵方肩、頭、面、胸腹以及持兵器的手腕等部位劈出，迅猛有力，力達棍端。分為外劈、內劈和後劈。

（1）外劈：

右手握Ａ棍，從右上方經體前向左下方斜劈對方（圖4-42、圖4-43、圖4-44）。

（2）內劈：

右手握Ａ棍，從左上方經體前向右下方斜劈對方（圖4-45、圖4-46、圖4-47）。

（3）後劈：

右手握Ａ棍，從下向上向後劈擊身後的敵人（圖4-48、圖4-49、圖4-50）。

圖 4-45　　　　圖 4-46　　　　圖 4-47

圖 4-48　　　　圖 4-49　　　　圖 4-50

2.挑

　　以棍端由下向前上方挑擊敵方下腭、胸腹部或所持兵器利刃的手和腕部，力達棍端。可分為外挑和內挑。

　　（1）外挑：

圖 4-51	圖 4-52	圖 4-53

圖 4-54	圖 4-55	圖 4-56

　　右手握 A 棍，從右下方向左上方挑擊對方（圖
4-51、圖 4-52、圖 4-53）。

　　（2）內挑：

　　右手握 A 棍，從左下方向右上方挑擊對方（圖
4-54、圖 4-55、圖 4-56）。

圖 4-57　　　　圖 4-58　　　　圖 4-59　　　　圖 4-60

3.掃

以棍身或棍端橫掃擊對方頭部、面部、肋部、腰腹部以及膝、踝等關節部位，力達棍端。分為外掃和內掃。

（1）外掃：

右手握 A 棍，從右向前向左掃擊對方（圖 4-57、圖 4-58）。

（2）內掃：

右手握 A 棍，從左向前向右掃擊對方（圖 4-59、圖 4-60、圖 4-61）。

4.擊

擊屬近身攻擊技術。以一棍端或棍身平行向左或右用力擊打，攻擊敵方頭部、頸項、腰肋、襠部等，力達棍端（圖 4-62、圖 4-63）。

圖 4-61　　　　　　圖 4-62　　　　　　圖 4-63

　　圖 4-64　　　　　　圖 4-65

5.砸

　　右手疊握棍或雙手各握兩棍，由上向下以棍的外端砸擊對手（圖 4-64、圖 4-65）。

6.絞

　　雙手各握一棍的外端，以棍鏈絞住對方的頸、腕

圖 4-66

圖 4-67

圖 4-68

圖 4-69

等部位（圖 4-66、圖 4-67）。

7.刺

右手握棍或疊握棍，以棍端捅刺對方（圖 4-68、圖 4-69、圖 4-70）。

圖 4-70

圖 4-71　　圖 4-72　　　　圖 4-73　　　圖 4-74

8.撩

以棍端沿身體左側
或右側從下往上畫立
圓，向前或向後撩出，
攻擊敵方中、下部（圖
4-71、圖 4-72、圖 4-
73、圖 4-74）。

(二)防守招法

圖 4-75

1.格擋

當對手持械攻來時，以手中的雙節棍擋開對手的
進攻（圖 4-75、圖 4-76）。

動作必須精純簡捷，只需使對方的攻擊偏離路線
即可，切勿有猛砍或揮打的動作。

圖 4-76

圖 4-77

圖 4-78

圖 4-79

2.架

雙手握棍由下向上，棍身平放，以雙節棍中部鐵鏈部分由下向上舉起，以棍鏈架住對方從上劈下的器械利刃，力達鐵鏈中段（圖4-77）。

3.壓

雙手握棍由上向下棍鏈壓住對方的兵器（圖4-78、圖4-79）。

圖 4–80   圖 4–81

4.封纏

當對手持刀、棍等從正面刺來，手握雙節棍在體前呈立圓揮舞，以棍鏈纏住對方凶器，並順勢將其引向一側，使其偏離進攻路線（圖 4-80、圖 4-81、圖 4-82）。

5.絞

圖 4–82

雙手分別握兩棍，以棍鏈上架或下壓敵人的兵器後，立刻以右手握棍，使內端向左，左手握棍使內端向右，以棍鏈絞住對方兵器。

雙手分別握兩棍，以棍鏈上架或下壓敵人的手腕後，立刻以右手握棍，使外端向左，左手握棍使外端向右，以棍鏈絞住對方手腕（圖 4-83）。

圖 4-83　　　　圖 4-84　　　　　圖 4-85

6.攔

棍身垂直以雙節棍中部鐵鏈部位阻格敵方器械或拳腳，力達鐵鏈中段（圖 4-84）。

7.蓋

棍身平放，以雙節棍中部鐵鏈部分由上向下蓋封敵方兵器或拳腳，力達鐵鏈中段（圖 4-85）。

七、雙節棍舞棍技法

（一）單棍標準定型14式

標準定型 13 式，是李小龍雙節棍技法體系的精髓和靈魂，任何形式的雙節棍技法都是由此演變而來，它對研習者技術定型、控棍能力、發力技巧起著重要作用，本書加了空中飛龍 1 式，共 14 式。是每個雙節

圖 4-86　　　　圖 4-87　　　　　　　　圖 4-88

棍研習者的必修課程。雙節棍
技法變化多端，然而萬變不離
其宗，無非是在 14 式基本技法
的基礎上，不斷的組合轉換與
綜合運用而已。因此，研習者
只有掌握紮實、規範的基本技
術，才能為今後提高自身技戰
術水平打下良好的基礎。

1.流星趕月

圖 4-89

【動作要點】：

（1）右手握住棍端，在體側面向上向後立圓掄棍
（也可向下向後）。

（2）臂部與肋部距離不可太遠，揮動時以手腕發
力為主，左右手均需練習（圖 4-86、圖 4-87、圖
4-88、圖 4-89）。

| 圖 4-90 | 圖 4-91 | 圖 4-92 | 圖 4-93 |

【作用】：主要用於保護體側面並伺機發起攻擊。此勢可接先奏後斬等勢。

2.左右逢源

【動作要點】：

（1）手握棍端，在體前作橫「8」字揮甩，左右手均需練習，其法相同。

（2）臂部及腕部要協調用力，身步配合協調（圖4-90、圖4-91、圖4-92、圖4-93）。

【作用】：能保護全身，能攻能守。此勢可接流星趕月，毒蛇吐信等勢。

3.喧賓奪主

【動作要點】：以食指置於兩棍端之間執棍，A棍在上B棍在下。鬆開下面三指，運用腕力使B棍彈起到達A棍上方，同時鬆開的三指立即回收，握住A棍，而原來握住A棍的食指立即翻起，放在A棍上

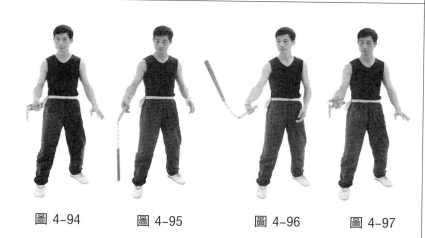

圖 4-94　　　圖 4-95　　　圖 4-96　　　圖 4-97

面，當 B 棍彈起落下時，即上下棍位置互換。AB 棍可
輪流對換，左右手均需練習。

上述動作是在極短時間內進行，一氣呵成（圖
4-94、圖 4-95、圖 4-96、圖 4-97）。

【作用】：它能訓練手指的反應和迅速收棍的靈
活性。此勢可接倦鳥知返、流星趕月等勢。

4.白蛇吐信

【動作要點】：用右腋夾住 B 棍的一端，右手握住
另一 A 棍。鬆開腋窩，手臂前伸的瞬間，右腕立刻運
勁將 B 棍揮彈而出。利用臂腕力量迅速將棍拉回腋
下，並以臂部夾緊。左右手均需練習，其法相同。棍
揮彈而出時，肩、臂、肘、前臂等部位要同時向前彈
伸，當棍收回時肘部要偏離身體一些，以便順勢帶引
揮出的棍返回腋下（圖 4-98、圖 4-99、圖 4-100）。

【作用】：此勢是極為實用的招勢。它可用於攻

圖 4-98　　　　　圖 4-99　　　　圖 4-100　　　　圖 4-101

擊對方的頭、面、肩、下顎、胸及下陰等部位，且難
被對方識破。此勢可接先縱後擒、流星趕月等勢。

　　5.蘇秦背劍

　　【動作要點】：右手握Ａ棍，左手鬆開。右手運勁
將棍向身旁前下方揮去，呈立圓打擊。等棍去盡時，
又運勁向前上方蕩起繞環一周回復至右肩上，左手張
開伸向右肋後方迎接蕩回之棍。左右手交換練習，其
法相同。收回棍後，要把鐵鏈緊靠肩部，才不致打痛
自己（圖4-101、圖4-102、圖4-103、圖4-104）。

　　【作用】：它能自上而下地打擊對方頭、面、手
腕等部位。此勢可接流星趕月，倦鳥知返等勢。

　　6.倦鳥知返

　　【動作要點】：

　　（1）馬步姿勢站立，雙手握棍（圖4-105）。

　　（2）左手鬆棍使之向下垂落。在棍即將去盡時，

圖 4-102　　　　圖 4-103　　　　　　圖 4-104

圖 4-105　　　　圖 4-106　　圖 4-107　　圖 4-108

右手腕迅速運勁將棍彈起，使之返回左手中，再鬆開
右手輪換進行練習（圖 4-106、圖 4-107、圖 4-108）。

　　【作用】：它的作用在於迷惑對方，弄不清從哪
一方進攻，並可打擊對方腳、襠、腰、肋和頭等部。
此勢可接流星趕月、雙手擎天等勢。

圖 4-109   圖 4-110   圖 4-111

7.射棍式

【動作要點】：右手握棍，雙棍必須保持平行，棍與地面平行，不可一高一低，否則對其技術發揮有所影響。勁注右手，以拇指及手掌內緣夾緊下方的棍，以陽勁猛烈將疊在上方的棍疾射而出。當棍射至盡頭，將棍向後拉回，使棍折疊，握於掌中。左右手均需練習，其法相同（圖 4-109、圖 4-110、圖 4-111）。

【作用】：此勢為突擊對方頭臉的殺著。此勢可接流星趕月、先奏後斬等勢。

8.雪化蓋頂

【動作要點】：揮棍在頭頂作平圓旋轉，兩手分別練習並進行正反兩個旋轉方向的練習（圖 4-112、圖 4-113）。

【作用】：此勢主要用於保護頭部並伺機出擊，

圖 4-112　　　　圖 4-113　　　　　圖 4-114

打擊對方太陽穴、臉頰等部
位。此勢可接流星趕月，左右
逢源等勢。

9.翻山越嶺

【動作要點】：

（1）以自然姿勢站立，雙
手握棍（圖4-114）。

（2）鬆開左手，右手握棍
從身後向右前上方蕩起至頭上
方，轉動手腕，使棍在右上方

圖 4-115

打一小弧圈向身體左方蕩去（圖4-115、圖4-116、圖
4-117）。

（3）接上勢棍勢，棍向身體左背後方蕩去時，用
兩棍之間的鐵鏈貼著腰部，同時腰部迅即向右方微微
一旋，手腕上揚使棍向右上方蕩去；左手迅即自身前

圖 4-116

圖 4-117

圖 4-118

圖 4-119

圖 4-120

轉至背後，握住向背後落下之棍，然後用同樣方法進行另一手的練習（圖 4-118、圖 4-119）。

（4）當棍揮擺至腰、背部時，要用鐵鏈緊靠背部，初練時不可用力過猛，以免受傷。

【作用】：此勢訓練身、手協調配合，在上空旋

| 圖 4-121 | 圖 4-122 | 圖 4-123 |

轉和借用腰部作支點是擾亂敵方視線和令對方防不勝防的出奇制勝招數。此勢接雪花蓋頂、左右逢源等勢。

10.先奏後斬

【動作要點】：

（1）自然姿勢站立，雙手握棍（圖4-120）。鬆左手，右手前臂上揮大臂後擺，使右手臂成一橫線（有如跳板一般）。使上揮向後的棍剛好打在手臂做成的跳板上，使之反彈（圖4-121）。

（2）當棍反彈回可納於手中，也可接著當棍彈起向前時並不收棍，立刻提起右腳相迎，使棍的近鏈處部分觸有小腿（圖4-122）。

（3）借著小腿之力，彈棍而起，至頭前上方，同時右腳落地，手腕運力，使之返回右手中（圖4-123）。

【作用】：此勢主要利用棍打著手臂或小腿彈起

圖 4-124　　　　　　圖 4-125　　　　　　圖 4-126

時的力及身步的配合，出其不意地打擊敵人。

此勢可接左右逢源、流星趕月等勢。

11.雙手擎天

【動作要點】：側弓步站立，雙手握棍上舉（圖 4-124）。鬆開右手，左手運力揮棍向左下方作弧形掄掃，隨著力點和馬步的轉移，揮出的棍經體前落到右手；再鬆開左手，進行練習，方法同上（圖 4-125、圖 4-126、圖 4-127）。

【作用】：此勢主要用於掃擊敵人頭部、頸部、肩部、下陰及腰肋等部位。此勢可接威振八方、倦鳥知返等勢。

12.威震八方

【動作要點】：馬步站立，雙手握棍（圖 4-128）。鬆開左手，右手提棍至與顎高（圖 4-129）；同時右手發力將棍在體前呈橫「8」字揮甩（圖 4-130、圖

圖 4-127

圖 4-128

圖 4-129

圖 4-130

圖 4-131

圖 4-132

4-131、圖 4-132）。

　　當棍向左方落下至左腰部時，以左手納之，回復至原來姿勢。左右手均需練習。此勢要求較強的腕力，如腕力不足者，初期不可過度用力。

　　【作用】：它主要用於保護全身、打擊對方。此

圖 4-133　　　　圖 4-134　　　　　　圖 4-135

勢可接流星趕月、左右逢源等勢。

13.先縱後擒

【動作要點】：弓步站立，右手握棍，另一棍夾於右腋下（圖 4-133）。右臂內旋，向右下發出其中一節，同時右腳後撤一步，然後右手向右側移動，並向上環形抽甩棍節，右腳同時前移（圖 4-134、圖 4-135）。

　　當棍環行至下行軌跡時，右腳撤回；向後再向前圓形抽甩雙節棍，同時右腳再前移；當棍繞完 360°時，肘部微張，順勢將棍收回腋下。然後左右手交替練習（圖 4-136、圖 4-137、圖 4-138、圖 4-139）。

【作用】：此勢是左右逢源與流星趕月的混合招勢，能連續打擊對方。此勢可接倦鳥知返、白蛇吐信等勢。

圖 4-136　　　　圖 4-137　　　　　　　圖 4-138

圖 4-139　　　圖 4-140　　　圖 4-141　　　圖 4-142

14. 空中飛龍

【動作要點】：兩手胸腹前成陽手拉棍勢（圖 4-140）。兩手將棍向前上方平拋出，當棍下落胸前時，雙手陰手接棍內端，將棍兩外端頭平行向前戳出（圖4-141）。兩手胸腹前成陰手拉棍勢（圖 4-142），兩

手將棍向上方平拋出，
當棍下落胸前時，雙手
陽手接棍身，將棍兩端
頭朝下，向下砸擊（圖
4-143）。

【作用】：此勢主
要是陰手棍與陽手握棍
互變，以便更方便的打
擊對手，另外，拋棍能
吸引對方視線，起到出

圖 4-143

其不意的打擊對方。此勢可接倦鳥知返、左右逢源等
勢。

（二）雙雙節棍標準定型6式

1. 大鵬展翅

【動作要點】：雙手分握雙雙節棍置於身體兩側，
約與肩同高，雙棍一齊由後向前作弧形揮動。稍停，
作反方向由前向後弧形揮動練習（圖 4-144、圖
4-145、圖 4-146、圖 4-147）。

【作用】：同流星趕月勢。

2. 雙龍出海

【動作要點】：雙手分握雙節棍各一對，夾於腋下
（圖 4-148）。同時鬆開夾棍之雙臂膀，並手腕運勁
將棍彈出，同時手臂盡量前伸（圖 4-149）。待棍彈
至盡頭後又立刻收回，回歸腋下，回復至原來位置再

圖 4-144　　　　圖 4-145　　　　圖 4-146　　　圖 4-147

圖 4-148　　　　　　圖 4-149　　　圖 4-150

反覆練習（圖 4-150）。

　　【作用】：同白蛇吐信勢，不過增加了一對棍威力更大，難度自亦提高。此勢可接大鵬展翅、猛虎下山等勢。

圖 4-151　　　　　圖 4-152　　　　　圖 4-153

3. 蛟龍翻江

【動作要點】：雙手分別握棍一對，身體自然站立（圖 4-151）。雙手以拇指夾住其中一棍，鬆開扣住另一節棍的其餘四指，同時雙臂向上、後揮棍，使之剛好打在大臂上並被反彈，借反彈之力，再運勁使雙棍向身旁前下方揮甩（圖 4-152）。當雙棍至盡頭後雙運勁向前上方蕩起，再順勢收回至開始狀態（圖 4-153）。

【作用】：其作用同先奏後斬勢。此勢可接大鵬展翅、羅通掃北等。

4. 羅通掃北

【動作要點】：預備勢，自然站立，雙手各持一雙節棍（圖 4-154）。左腳前進一步，重心前移，兩手持棍向兩側一前一後揮擺（右手向前，左手向後）（圖 4-155）。右腳提起，上體左轉，同時右手持棍

圖 4-154   圖 4-155

圖 4-156   圖 4-157

經體前向左上方平掄，左的持棍向後下方平掄（圖
4-156）。左腳蹬地跳起，身體向左後轉，左腳隨體轉
後擺落地，左右手持棍掄甩一周，回復至開始狀態
（圖 4-157）。雙棍掄甩時要互相拉開，身步與棍要
協調。

圖 4-158　　　　　　圖 4-159　　　　圖 4-160

【作用】：其勢威力很大，能橫掃對方，腿、腰、肋等部位。此勢接狂龍亂舞等勢。

5.猛虎下山

【動作要點】：預備勢同雙龍出海（圖 4-158）。右手握棍從腋下向斜上方揮甩而出，至盡頭後即屈肘將棍收回，並繼續用右手持棍正掄一周，使鐵鏈斜壓於前臂，右腳同時前移。當棍稍運行至後上方時，上體向左轉帶使棍經體前向左，向上近甩。當棍運行至盡頭，隨即拉回收於腋下，右腳同時收回，至開始狀態。再換左手交替練習。此勢動作一定要協調，收棍時肘部微張，以順勢將棍收回腋下（圖 4-159、圖 4-160）。

【作用】：此勢用於打擊對方全身任何部位，且隱蔽性很大。此勢接雙龍出海、大鵬展翅等。

6. 狂龍亂舞

【動作要點】：兩手握棍，約與腰平（圖4-161）。其作用同先奏後斬。兩手上舉，略高於肩；左右手握棍（即左手向右下方，右手向左下方）呈「X」形交叉揮擺。當雙手交叉揮至盡頭之際，立即轉動雙手腕，使雙棍呈「八」字形向身旁左右下方撇落，回到預備姿勢。再繼續重複練習（圖4-162、圖4-163、圖4-164、圖4-165）。此勢難度較大，要求手腕靈活，肩膀與身體的距離正確，身形穩定。

圖 4-161

【作用】：此勢是雙節棍技術的全面運用，故威力很大，保護面部及全身，攻擊對方身體各部位。此勢可接大鵬展翅、蛟龍翻江等勢。

圖 4-162

圖 4-163

圖 4-164　　　　　　　　圖 4-165

實
用
雙
節
棍

138

八、雙節棍收棍技法

收棍是將擊出的棍快速的收回手中或夾在身上，棍由運動到靜止的過程。棍收的好壞直接影響下一次出棍的速度和時機，為下一次進攻打基礎。收棍的技巧主要在於對棍出擊的線路、方向、速度、力量等的控制程度，控制得好，容易收回；控制得不好，則有可能誤傷自己。

所以，在收棍時頭腦要保持高度的冷靜。每一個收棍動作要進行千萬次的訓練，做到動作乾淨俐落，不拖泥帶水。收棍的技法有單手收棍，腋下收棍、肋下收棍、背後收棍、頭上收棍、胸前收棍等。

圖 4-166　　　　　　圖 4-167　　　　　　圖 4-168

1. 單手收棍

【動作說明】（以右側為例）：右手握 A 棍，另一棍 B 自然下垂，右手向上輕輕抖動右腕，使另一棍 B 由下向前、向上揮舞，同時右手食指伸至 A 棍上，拇指張開，使 B 棍落於右手虎口，由拇、食指握住，成為疊棍勢（圖 4-166、圖 4-167、圖 4-168）。

圖 4-169

2. 腋下收棍

【動作說明】（以右側為例）：右手握 A 棍向前劈擊，右臂伸出的同時，右腕內旋，右肘外揚，揮動 B 棍向前，向下、向後、向上運行至右腋下，同時右肘收回成夾棍勢（圖 4-169、圖 4-170）。

圖 4-170　　　圖 4-171　　　　圖 4-172　　　圖 4-173

3. 肋下收棍

【動作說明】（以右側為例）：右手握 A 棍向上向後揮動，當 B 棍蕩至右肋側時，左手從體前伸至右肋下接棍，成為背棍勢（圖 4-171、圖 4-172）。

4. 背後收棍

【動作說明】（以右側為例）：右手握 A 棍作內掃後，右手停於身體右側，B 棍在體後蕩至左腰，左手接握 B 棍，雙手分別握棍於身後，成藏棍勢（圖 4-173、圖 4-174）。

5. 頭頂收棍

【動作說明】（以右側為例）：右手握 A 棍作左外挑後，右手停於頭頂右側，B 棍在體前蕩至左頭頂時，左手接握 B 棍，雙手分別握棍於頭頂，成雙手擎天勢（圖 4-175、圖 4-176）。

圖 4-174

圖 4-175

圖 4-176

圖 4-177

圖 4-178

圖 4-179

6. 胸前收棍

【動作說明】（以右側為例）：右手握 A 棍作外劈後，右手停於身體前右側，B 棍蕩至體前左腰腹處，左手接握 B 棍，雙手分別握棍於身前，成倦鳥知返勢（圖 4-177、圖 4-178、圖 4-179）。

九、雙節棍訓練方法

(一)雙節棍訓練的內容與技巧

雙節棍訓練的內容有：單個棍招、棍招組合、棍招套路、實戰組合、戰術運用五個部分。

單個棍招是單個的擊棍技術，如劈、挑、掃等單個技術。

棍招組合是兩個以上的單個棍招，合理的連接在一起的技術。

棍招套路是為了便於記憶，或者是有目的地進行訓練將各種棍招合理地編排在一起進行的套路技術。

實戰組合是將兩個以上的用於實戰搏擊的招法，合理的組合在一起的技術。

戰術運用是為了戰勝對手而採取的有效擊打對手的計策和方法。

雙節棍的訓練技巧，其關鍵是在發力技巧方面。雙節棍法的好壞取決於對棍的控制程度，而控棍的要點在於使 B 棍（揮出棍）與鏈子成一直線。其中發力應有使棍向外飛出去（以手腕為軸的圓周運動）的感覺，使其產生離心力。做到這些，雙節棍的運行軌跡就可以穩定下來，要想隨心所欲地舞棍也就不難了，不過「冰凍三尺，非一日之寒」，可不是一下子所能

體會得到的，需要經過千萬次的枯燥重複的訓練，才能練有所得，練有所悟。

（二）雙節棍訓練計畫的制定

雙節棍的練習方法對初學者或較為熟練者應該怎樣去練習才有效果呢？一般來說，技術從簡到繁，從易到難。先基礎訓練，後專項訓練，循序漸進，步步為營。尤其是沒有武術基礎的研習者，在練習的過程中，也可同時進行武術散打訓練，研習者可列出訓練計畫，計畫分每日計畫和階段計畫，具體方法如下。

1.每日訓練計畫

（1）先熱身運動。如慢跑或跳繩練習。以身體微汗或發熱為止。

（2）然後柔韌練習。各部位關節韌帶的振壓活動。尤其要做一些針對性強、與訓練有關的柔韌練習。方法見體能訓練中的柔韌素質訓練。柔韌練習必須在身體活動開了以後進行，這樣效果好，此外還可防止關節韌帶的拉傷等事故。

（3）再進行技術訓練。具體內容可根據自身實際和日程安排每天有所不同，有所側重。每天練習新的內容不能貪多，練一種技法即可。反覆體會動作要領，使動作準確、協調。然後再體會發力技巧和快速擊打能力。

（4）繼而進行素質訓練。素質訓練應根據雙節棍技術特點，作相適應的練習而有所側重。如加強肩肘

腕等地素質練習。

（5）最後進行整理活動。一定要重視整理活動，以便快速恢復疲勞和使用力的肌肉恢復彈性。

（6）運動後的恢復與營養。運動後身體能量的消耗，應及時補充與恢復。若運動後感覺疲勞，可在2小時內迅速補充糖分。另外每天堅持內功的修練，以恢復體能和儲存能量。

2.階段訓練計畫

第一階段：掌握單個棍招。

（1）認真練習各種戒備勢，並從不同的戒備勢出發做各種不同的基本棍招，從同一種姿勢出發，沿不同的路線做不同的攻擊。

（2）認真練習每種基本棍招，要求熟練掌握從不同的戒備勢出發做同一基本棍招，以及從同一基本棍招以不同的戒備勢作為結束動作。

每個動作從初學到熟練掌握，可分為三個階段：

①粗略掌握動作階段：在這一階段，剛開始學習新的動作，要建立正確的動作表象和概念，因動作尚未形成，動作的精確性、連貫性和穩定性都較差，所以，防止和排除多餘動作和錯誤動作，消除恐懼和害怕的心理，在重複練習中，粗略地掌握動作是這一階段的重點。此時練習次數和時間不宜過多。不宜過分注意動作的細節。

②改進與提高階段：這一階段，緊張、多餘和錯誤動作逐漸消除了，動作變得準確、協調和輕鬆起

來。但動作還不熟練，不能運用自如。此階段主要是消除各種錯誤動作，進一步掌握動作細節，提高動作的協調性和節奏感，增強控制與調節動作的能力，從而提高動作的質量。

③鞏固與運用自如階段：這一階段，能夠準確、熟練、省力而輕鬆地完成動作，達到動力定型的自動化程度。此階段主要是不斷鞏固已形成的動力定型，在各種變化的條件下，輕鬆自如地完成動作，將動作化為本身所擁有的能力。此時要進一步提高身體素質和心理素質，在任何環境中能自由準確地運用自如。

第二階段：掌握多個基本棍招之間的銜接與變換。

（1）認真練習兩個基本棍招間的連接和變換方式，熟練掌握每個基本棍招同其他所以棍招的變換與連接方式。

（2）初步掌握舞棍的基本技巧，使棍招間的銜接和變換協調、準確、快速。

第三階段：掌握多個棍招間的實戰組合技術。

（1）認真練習各種招法在實戰中連接與變換模式，並設計多種舞棍的組合動作和套路動作。速度、力量、耐力等素質全面發展，培養自己的絕招或殺手。

（2）將各種招法運用實際，進一步提高控棍技巧和發力技巧，達到速度變化快，力量擊打強的目的。

第四階段：掌握戰術運用。

（1）像對手在不同的情況以不同的方式攻擊你，

你儘可能採取多種戰術將對方擊倒在地。使自己的心理處於真正的實戰狀態。

（2）可與一個或多個訓練伙伴進行對抗性的練習。雙節棍可用不傷人的泡沫材料製成。進行多方位、多角度的攻防練習，如進行原地擊打、前後移動擊打和周邊移動擊打得訓練，並不斷地總結成功的經驗和失敗的教訓。

(三)雙節棍基本訓練方法

1. 空擊練習

空擊練習也叫徒手練習，即邊擊空間邊理解此動作的姿勢、步法的移動，進身方法與擊打技法。最好對著鏡子練習，熟練後，可假想面前有一個對手在與你搏鬥，你採用多種棍法與之攻防搏鬥的練習。

空擊練習的順序可按單個棍招、棍招組合、棍招套路、實戰組合、戰術運用五個部分，並配合原地擊打，前後移動擊打和周邊移動擊打的步法練習，分階段的進行。

【練習要求】：

（1）要理解和熟悉雙節棍的主要攻擊法動作的含義和運動規律，以及不同的力點、方位和路線。

（2）熟悉雙節棍各部位名稱和基本握法。

（3）練習時不要害怕，大膽練、認真學。

2. 擊打目標練習

在各種棍招熟練後，可擊打懸掛在面前的小沙袋

或泡沫或紙盒等，高度與肩同高，此練習對擊打力量和速度的提高很有幫助，因為可以大膽發力，且接近實戰，不像與同伴練習時有所顧忌。

3. 同伴示靶練習

同伴練習是讓同伴事先穿上防守護具（如散打胸靶、手拿手靶或腳靶等），事先攻防雙方作某控制程度的練習，雙方可在移動中進行。當同伴示靶後，進攻方作正確的擊打練習，力量不宜太大，以免誤傷同伴。防守方要用心好好配合攻擊方擊打，此種練習能學到雙節棍實際精華：如距離、機會、時機、氣棍體的一致性等。

4. 拋擊練習

拋擊練習是將泡沫、彈力球、核桃、木板等小型物體向空中拋起後，用雙節棍擊打的練習，此練習可訓練雙節棍擊打的準確性和檢測自己擊打功力的強弱，內勁的深厚。但練習時注意安全。

5. 模擬訓練

模擬訓練是雙節棍練習法中最普遍的訓練方法。模擬訓練是兩人互相手持長短與雙節棍相等的輕便棍子，施展所有的技能。以全力相互攻擊、相互避開、相互招架的實戰訓練。可檢驗自己是否真正掌握了雙節棍技術。模擬訓練是無上下之分的練習。

（1）練習時要以全力，不可鬆懈，越接近實戰越好。特別要注意攻勢和精神統一，施展技能時，要作完全正確地擊打。

（2）雙方都要抓住良機發揮最高水準作全力攻防的訓練。在實戰中獲得絕妙純熟的技能。

6.實戰訓練

（1）實戰訓練的最大特徵是在意識上制伏敵人的決心，不能存在失敗之念。要以所學習掌握的技能來想對策，使盡各種方法，發現對方弱點，或造成對方發生破綻，施展自己得意的攻擊技能來作有效的打擊。

（2）在實戰訓練中應注意要保持平常的心理狀態。古人說：「兵法之心是平常之心，平常之心是兵法之心；兵法之身是平常之身，平常之身是兵法之身」。這句話，可解釋為在實戰中保持平常的心理狀態是很困難又很必要的事情。

（3）要了解自己的優點與缺點。只有認識自己，了解對方，才能達到真正的「知己知彼百戰百勝」。

（4）留心距離。實戰中距離是非常重要的，不能讓對方取得適宜的距離，而我取之距離適宜則對己有利。但起初是以遠距離對峙，待自己一切準備妥善後才進入打擊距離。

（5）不要拘泥攻擊姿勢或形態，要靈活運用。自由自在地與對方爭鬥。

（6）始終保持攻勢。始終保持攻擊的姿態來做徹底的爭鬥。「攻擊是最好的防禦」，這句話對雙節棍道也是適用的。持續攻擊，以全力取勝才有真善美的棍境。知識、德行、體力合一時，雙節棍才能在技

術、精神上獲得完美的勝利。

7.觀摩訓練

觀摩訓練是參觀人家的雙節棍技法來學習。觀摩分兩種：直接觀摩和間接觀摩。

直接觀摩是到現場觀看人家的雙節棍演練；間接觀摩則可借助雙節棍影碟教學片等進行觀看，如李小龍主演的含有雙節棍技擊的影片，以不斷學習和提高。當已有較高的觀摩能力之後，也可常看看其他的藝術、技藝方面的影像圖書，如散打運動等的技藝，不要只限於雙節棍，他山之石，可以攻玉。不斷改進和完善自己不足的地方。

十、雙節棍實戰技法

1.揮棍打耳

【開始姿勢】：以烏龍絞柱姿勢操棍與手持鐵棍的敵方相對峙（圖4-180）。

【攻擊動作】：突然從一足一棍距離前進一步，同時右手握緊A棍，鬆開B棍，將棍自身體右下方向前上方揮

圖4-180

圖 4-181　　　　　　圖 4-182

棍掃擊敵人頭部左側太陽穴或耳朵（圖 4-181）。

2.下撩擊襠

【開始姿勢】：以背後藏棍姿勢操棍自然站立，與持棍敵人迎面相遇（圖 4-182）。

圖 4-183

【攻擊動作】：我方右腳突然向前跨出一步，抓住敵人將要攻擊前的氣勢，同時右手握棍自下而上撩擊敵人襠部（圖4-183）。

3.撩掃手臂

【開始姿勢】：我方以蘇秦背劍姿勢操棍站立，敵

圖 4-184

圖 4-185

人手持鐵棍逼來時（圖
4-184）。

　　【攻擊動作】：當
敵人進入雙節棍打擊範
圍內，我方左手鬆棍，
右手握棍自下向上撩擊
敵人持械攻擊的手臂
（圖4-185）。

4. 劈打頭骨

圖 4-186

　　【開始姿勢】：我
方以白蛇吐信姿勢操棍站立，敵方手持器械與我對峙
（圖4-186）。

　　【攻擊動作】：我方突然用右腳假動作側踹或踢擊
敵人前腳膝蓋骨擾亂敵人注意力，隨即身體前傾揮棍
倏發倏收連續打擊敵人頭部、面部（圖4-187）。

圖 4-187　　　　　　　　　　圖 4-188

5.斜劈打頸

【開始姿勢】：我以倦鳥知返姿勢操棍自然行走或站立。敵人手持器械向我逼近（圖 4-188）。

【攻擊動作】：

（1）我右腳向前跨出一步，同時揮棍自下而上斜掃撩擊敵面部、頸部，敵人彎腰低頭躲避打擊。

（2）敵人趁我揮棍打空之際，趁機起身準備直刺我胸腹部時，我方順勢揮棍自上而下沿斜線劈擊敵人後頸、頸側部（圖 4-189）。

6.截擊手腕

【開始姿勢】：我方以雙手擎天姿勢站立，敵人手持匕首向我逼近（圖 4-190）。

【攻擊動作】：當敵人舉刀上步準備刺擊我方面部、胸膛時，迅速揮棍自下而上撩截擊敵持械小臂，將其手腕骨劈斷，器械打掉，解除對我嚴重的威脅

圖 4-189　　　　　圖 4-190

圖 4-191　　　　　圖 4-192

（圖 4-191）。

7.擊肋劈頸

【開始姿勢】：我方蘇秦背劍姿勢操棍，敵人手持
匕首從我身體左側撲過來（圖 4-192）。

【攻擊動作】：

（1）我方向前踏進一步，立即左手鬆棍，右手握

圖 4-193 圖 4-194

圖 4-195 圖 4-196

棍自下而水平線橫掃敵人肋骨或腰部（圖4-193）。

（2）隨即抖動右手腕帶回攻擊棍端，再連接蘇秦背劍勢揮棍斜劈敵頸側、肩膀（圖4-194、圖4-195）。

8.撩襠劈頭

【開始姿勢】：我方以雙手擎天姿勢操棍與手持鐵棍的敵人相周旋（圖4-196）。

圖 4-197　　　　　　　圖 4-198

【攻擊動作】：

（1）我右腳突然前
跨一步，大吼一聲，同時
揮棍自下而上撩擊敵襠
部、腹部，但被敵人後收
腹躲過（圖 4-197）。

（2）隨即順勢抖腕
揮棍自上而下直線掄劈敵
人頭部、鼻梁骨（圖 4-
198、圖 4-199）。

圖 4-199

9.打頭掃臂

【開始姿勢】：敵人
擺出徒手格鬥的姿勢準備
決鬥，我方則以白蛇吐信
姿勢操棍與之相迎（圖
4-200）。

圖 4-200

圖 4-201

圖 4-202

【攻擊動作】：

（1）我右腳向前進一步，同時揮棍倏發倏收由上往下打擊敵人頭蓋骨（圖 4-201）。

（2）隨即抖動手腕將攻擊棍端帶回，連接羅通掃北勢自左向右橫掃敵人下垂右手臂（圖 4-202、圖 4-203）。

圖 4-203

10. 掃頸撩腭

【開始姿勢】：我以雙手擎天姿勢站立，與手持利刃的敵人準備決鬥（圖 4-204）。

【攻擊動作】：

（1）我方右腳向前進一步，同時揮棍自左向右橫掃擊敵人太陽穴、耳朵，但敵人敏捷下潛躲過一棍

圖 4-204　　　　　　　　圖 4-205

圖 4-206　　　　　　　　圖 4-207

（圖 4-205）。

　　（2）趁敵下蹲未起身反擊的空隙，順勢抖腕帶棍連接流星趕月勢從下而上撩擊敵人腮部、下顎，將敵打翻在地（圖 4-206、圖 4-207）。

11. 掃臂劈頭

　　【開始姿勢】：我自然行走或站立，突然遇到手持短棍敵人的襲擊時，快速從腰間拔出雙節棍以雙手擎

圖 4-208　　　　　　圖 4-209

天姿勢迎敵（圖 4-208）。

【攻擊動作】：

（1）我右腳自然向前進一步，同時揮棍從左向右橫掃敵人持棍手臂或肋骨（圖 4-209）。

（2）隨即迅速

圖 4-210

抖動右手腕將棍帶回，連接雙手擎天勢自上而下劈打敵人頭骨、面部（圖 4-210、圖 4-211）。

12.擊耳掃膝

【開始姿勢】：我方以烏龍絞柱姿勢操棍站立。當敵人墊步欲起左腳側踹時，搶先發起攻擊時（圖 4-212）。

圖 4-211

圖 4-212

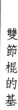

圖 4-213

圖 4-214

【攻擊動作】：

（1）自然邁出一步，同時揮棍（右手握住 A 棍，鬆開 B 棍），從身體右下方向前上方斜掃擊敵人耳朵、頸側（圖 4-213）。

（2）隨即抖腕帶回棍，連接流星趕月在右體側向下向後上作逆時針掄棍，低掃擊敵膝關節或小腿（圖4-214、圖 4-215）。

圖 4-215

圖 4-216

13.截腕打面

【開始姿勢】：我以烏龍翻騰姿勢站立，遇敵拔刀快步猛衝過來（圖4-216）。

圖 4-217

【攻擊動作】：

（1）我右腳迅速向前跨進一步，同時右手揮棍從下而上斜撩掃截敵人持械手腕，但被敵人仰身退步躲過（圖4-217）。

（2）隨即迅速進一步，使敵處於雙節棍打擊範圍內，並順勢抖腕揮棍從上而下直線打擊敵面部或肩膀（圖4-218、圖4-219）。

14.撩腋掃臂

【開始姿勢】：我方背後藏棍姿勢站立敵方雙手緊握鐵棍欲向我發起攻擊（圖4-220）。

圖 4-218

圖 4-219

圖 4-220

圖 4-221

【攻擊動作】：

（1）當敵人跨步上前，雙手揮棍準備向我身體上步亂打之際，即原地揮棍自下而上撩點敵人右臂或腋窩（圖 4-221）。

（2）趁對方疼痛難忍，雙手無力下垂時，迅速抖腕帶棍連接羅通掃北勢自左向右橫掃敵人大臂，將其臂掃斷（圖 4-222、圖 4-223）。

圖 4-222　　　　　　　　圖 4-223

圖 4-224　　　　　　　　圖 4-225

15.轉身打頸

【開始姿勢】：我以雙手擎天姿勢站立，與手持利刃的敵人相對，我左腳迅速向斜上方跨出一步，準備右轉身揮棍向敵人發起進攻（圖 4-224）。

【攻擊動作】：

（1）我迅速右轉身，利用轉髖扭腰之合力帶動右大臂揮棍自右向左猛掃敵人肩膀、頸側（圖 4-225）。

（2）隨即抖動手腕將棍帶回，連接倦鳥知返勢從

圖 4-226　　　　　　　　　　圖 4-227

圖 4-228　　　　　　　　　　圖 4-229

下而上撩擊敵之襠部或腹部（圖 4-226、圖 4-227）。

16. 棍端挑腹

【開始姿勢】：我自然行走或站立，突然遇到手持短棍敵人的襲擊時，快速從腰間拔出雙節棍以反攻的心情迎敵（圖 4-228）。

【攻擊動作】：迅速向前上右步，左轉體，右手握棍下垂，雙節棍端部向右，貼近敵方，用棍端用力向上挑頂敵人胸腹部（圖 4-229）。

17.上刺咽喉

【開始姿勢】：我右手持棍自然行走或站立，欲與右手操匕首的敵人進行格鬥。

圖 4-230

【攻擊動作】：從一足一棍距離迅速前進一步，同時持棍於胸前，抓住敵人準備伸左手抓我頭髮、肩膀的間隙，立即舉棍向前直刺敵人咽喉、喉結（圖 4-230）。

18.圈頸頂背

【開始姿勢】：敵人持棍自然行走或站立。我雙手持雙節棍子的兩端，欲向敵背後發起攻擊。

【攻擊動作】：我雙手持雙節棍上舉進步貼身，用雙節棍鐵鏈由敵人頭上套過。隨即雙手後拉棍端、

圖 4-231

勒緊敵人頸部，同時起右腿，用膝頂住敵人後背（圖4-231）。

19.劈打脊椎

【開始姿勢】：敵人右手持匕首自然行走或站立，我右手操棍從敵背後迅速接近（圖4-232）。

【攻擊動作】：向前跨出一步（或前進幾步），同時揮棍打擊敵肩胛骨之間的脊椎骨，置敵於死地（圖

圖 4-232

圖 4-233

圖 4-234

圖 4-235

4-233）。

20. 撬擊下巴

【開始姿勢】：我自然行走或站立，突然在近距離遭到敵人直拳的攻擊（圖 4-234）。

【攻擊動作】：我一邊躲閃，一邊迅速從腰間拔出雙節棍準備迎敵，隨即進一步揮棍從下而上撬擊敵人下巴、臉面（圖 4-235）。

圖 4-236   圖 4-237

21. 抓肩捅心

【開始姿勢】：我右手握棍自然行走或站立，敵人迎面向我走來（圖 4-236）。

【攻擊動作】：我迅速前進幾步伸出左手扣抓住敵左肩往下拽，同時右手下垂，由下而上用力頂捅敵人心窩，勁達棍端（圖 4-237）。

22. 躲閃撞肋

【開始姿勢】：我右手握棍自然行走或站立，突然遭到徒手敵人的偷襲（圖 4-238）。

【攻擊動作】：我左腳迅速向左前方跨步彎腰低身避過，隨即起身揮棍猛撞擊敵人右側肋骨、後背（圖 4-239）。

23. 砸膝頂胸

【開始姿勢】：我右手反握雙節棍成預備勢，欲與徒手之敵進行格鬥。

圖 4-238

圖 4-239

圖 4-240

圖 4-241

【攻擊動作】：

（1）敵人快速進步伸出雙手準備抓住我雙肩、頸部下拉，實施「砸頸打膝」狠招時，突然左轉側身避開，同時上舉雙節棍自上而下砸擊敵膝部（圖4-240）。

（2）隨即翻動手腕使棍身與地面平行，將棍向前用力頂捅敵人胸腹部（圖4-241）。

圖 4-242　　　　　　　　圖 4-243

圖 4-244　　　　　　　　圖 4-245

24. 拋棍戮胸

【開始姿勢】：敵徒手成格鬥時站立，我胸腹前倦
鳥知返姿勢操棍迎敵（圖4-242）。

【攻擊動作】：我突然將棍向空中拋起，以吸引敵
人視線，當雙棍降至與肩膀同高時，陰手接握兩棍內
端，同時將兩棍外端平行向前戮擊敵人胸部或雙眼
（圖4-243、圖4-244、圖4-245）。

雙節棍的基本戰術

大巧若拙，返璞歸眞。內蘊天地變化
之機，外藏鬼神莫測之變。

——李小龍

雙節棍的基本戰術是根據搏擊雙方的各種具體情況，為戰勝對方而採取的計策和方法。

自古以來，兵家均以謀為本，明代劉伯溫《百戰奇謀》中說：「若不計而進，不謀而戰，必為敵敗」。雙節棍戰術的作用在於把研習者已經獲得的身體、技術、心理等訓練成果，根據搏鬥雙方的具體情況最優化地進行綜合應用，其核心就是「制人而不制於人」，造成有利的態勢，掌握主動權。

為了爭取主動，一方面對自己要揚長避短，另一方面對對方要抑長制短。在雙方旗鼓相當、勢均力敵的情況下，正確地運用戰術，可以減少體力的消耗和無效行動，達到最終戰勝對手的目的。

雙節棍戰術訓練，首先應該樹立正確的戰術指導思想，要遵循雙節棍技術的規律，注重實用性和靈巧性。實現戰術目的，必須掌握戰術原則、戰術形式和發揮戰術作用的條件，這是運用戰術的基礎。

一、雙節棍破敵器械要旨

（一）雙節棍破凶器總則

1.凌厲無畏的氣勢

與持械歹徒狹路相逢時，要具有大無畏的氣勢，以氣勢先行壓倒敵人，隨之出其不意大膽果斷地進身

施技。無膽不言戰，面對歹徒絕不能膽怯，因為這樣不但無助於搏鬥，並且還會影響動作的正常發揮，最終導致嚴重的後果。面對凶器，不允許任何環節哪怕一點點的失誤。

2. 積極創造戰機

在實際的對敵搏鬥中，要準確判斷對方的空檔，並迅速調整到有利於發動攻擊的握棍應敵姿勢。在捕捉到最佳的攻擊時機和距離後，以迅雷不及掩耳之勢貼近對方，對準其要害部位施以打擊。

3. 把握距離

雙節棍與匕首、利刃等短凶器狹路相逢時，研習者應與對方保護在凶器攻擊範圍之內，這樣我方就可以發揮雙節棍放長擊遠的優勢；在遭遇長兵器時，要充分借助周圍的環境和物體作為障礙，與之周旋，使其長兵的優勢不能發揮。在對方進擊落空時，迅速欺步進身，靠近對方攻其要害。

4. 鞭擊對方持械手臂

雙節棍破凶器另一有效的方法是鞭擊對方持械手臂。一旦擊中，就可打掉其凶器，其威脅力將大打折扣。實踐證明，鞭擊對方持械手臂，成功率和安全系數都比較高。

5. 平時著重模擬練習

平時多流汗，戰時少流血。要想輕鬆制伏對方，平時就應該潛心練習對付凶器的技術，並加強其他方面的身體素質訓練。

（二）破短兵的要訣

雙節棍對付短凶器所要遵循的原則和方法有：

（1）盡量與對方保持在凶器攻擊不到的位置。

（2）充分發揮雙節棍放長擊遠的優勢，以長制短，猝然發動搶攻，擊敵措手不及。

（3）對付已發動攻擊的對手，有兩種方法行之有效：

①利用身形及步法引空其攻勢，抓住其暴露空檔的時機，迅疾反擊其要害；

②趁其攻勢已出時，出棍快速鞭擊其持械手臂，以打為消，隨即以連續反擊擊潰對方。

（4）對付精通搏擊技術或猶豫不決的對手，可用雙節棍特有的舞棍技法或小幅度的挑逗誘騙對方，使其做出攻擊，隨即擇隙反擊。

（三）破長兵的要決

長凶器一般指超過 1 公尺以上的木棍、鐵鍬等，這些凶器具有劈掃自如、放長擊遠等特點、威脅力比較大。對付長凶器所要遵循的原則是：

（1）搶攻近身：

面對長凶器時，最好採取先發制人的戰術。在對方凶器未動之前，突然攻擊對方。只要接近對方，長凶器的攻擊效果即降低，此時離對方身體越近保險系數越大。

（2）閃、擋、擊科學結合：

長凶器在高速運行時，會產生強大的衝擊力，如果用單純的格擋或閃躲來化解攻擊，將是非常危險的。可採取躲過攻擊焦點的同時，再用格擋化解餘攻的辦法對付長凶器。閃與擊的完善配合，可最大限度地降低防禦時的危險性。

（3）轉體躲閃：

對方用長凶器刺、戳我身體時，可配合左右躲閃轉體化解，同時順勢奪取凶器。

二、雙節棍攻擊策略

雙節棍搏擊的要旨，在於抓住戰機，以快打慢，以攻為守。如能將數招棍法鍛鍊至極端純熟，達到「習慣性反應」的境界，養成短時間內完成有力攻擊且無預動的習慣，形成快攻技能，以應付任何環境的攻勢，則只要對手凶器一幌，我方早已於電光石火間搶先擊中目標，一招克敵。

（一）精 簡

在最短的時間內以最有效的動作、花最小的代價去重創對手以獲得最大的成果，此可謂武道的極致。

減少不必要的動作，既可保存自己的體力，以備更持久的戰鬥或更有力的攻擊，亦可避免因肌肉疲勞

或抽搐而影響動作效果。

動作越複雜，則成功的機會越小，而危險越大。如果動作過於複雜，則可能暴露自己的空檔，而遭到對手的攻擊。因此，精簡的動作可以減少自己露出破綻的時間。

在實踐中，切勿使用過於複雜的技巧，恰到好處的以滿足要求即可。開始時先以簡單的動作進攻，在不能得手時再運用較複雜的方法。以複雜的方法制敵雖然可以顯示自己技藝的高超，但若僅用簡單的方法即可擊敗強大的對手，則更可證明自己的本領遠勝於對方。

精簡的原則與技巧：

（1）動作要放鬆，如彈射般發出，不僅速度快，且無預兆。

（2）以最簡單的招式由最直接的途徑去攻擊對方最近的目標。

（3）盡量克服動作的慣性，使動作不致於過大。

（4）不要猶豫，避免在瞬間產生極微小的停頓。

（5）勤加練習，使動作更加準確精純。本能的動作可謂是最精簡、最快速、最正確的動作。

（二）距 離

距離是一種連續移動的關係，往往取決於敵我雙方的速度、靈敏及控制力。

在實踐中，距離的掌握至關重要，即使是一點小

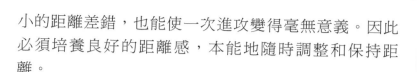

小的距離差錯，也能使一次進攻變得毫無意義。因此必須培養良好的距離感，本能地隨時調整和保持距離。

由於雙節棍在實踐中伸縮不定，變化非常複雜，因此，對距離的判斷要比徒手搏鬥更為複雜、難度更大。必須根據雙方的實戰情況來不斷調整距離。

攻擊時：

（1）不斷移動位置，獲得適當的距離。以不規則的動作節奏保持自己的距離感，擾亂對手對距離的判斷。

（2）隨時保持高度的警覺和靈敏的反應。攻擊前不但要準確判斷敵人所處的位置，還要考慮到對手可能躲閃移動後的位置。

（3）保持正確的戒備勢以便自由地進攻，令敵人防不勝防。

（4）正確的判斷抓住對方身體或心理上的弱點。

（5）把握時機，果斷進攻，一旦到了適當的攻擊距離，則必須在瞬間爆發出巨大的能量，在對方措手不及時將其擊敗。

（6）攻擊最近的目標。

（7）動作盡量簡捷精純。

（8）強大的勇氣與決心。

防守時：

（1）以靈活運用正確的步法，破壞對手的距離判斷。不要長時間地停留在一點，而要由不斷的運動、

變換位置來迷惑對手，使其無法準確地判斷距離（但自己卻可對對方間的距離瞭如指掌），擾亂其攻防計畫，甚至使其失去平衡。

切記：永遠不要讓對手猜透你的意圖。

（2）正確判斷對手攻擊的有效距離。若防守時後撤距離過大，則會喪失許多反擊的機會。

（3）保持正確的防守姿勢，保持良好的平衡。

在敵我雙方均精於判斷距離的情況下：

（1）不斷變換距離，迷惑對手。

（2）攻擊較近目標，牽制對手。

（3）運用組合進攻，擊潰對手。

在實踐中，一般有三種距離：

（1）遠距離：

當不了解對手底細時，不妨採取較遠的距離。此外，面對持械的對手，也要盡量保持遠距離。

（2）中距離：

當了解對手實力後，應該接近他，與之保持中等距離。這是雙節棍實踐中最常用的基本距離：既處於對手攻擊範圍之外，又能稍作調整（如上前一步）便可以貼近和攻擊對手。此時雙方誰能把握好時機，誰就能掌握主動權。如果對距離的判斷正確，則在對手的攻擊即將結束之時，利用瞬間的機會上前予以有效的攻擊。

（3）近距離：

在進攻和反擊時，往往進入近距離。在此距離內

不易揮舞雙節棍做劈、挑、掃等自由的攻擊，多採取擊、絞、砸等握棍攻擊技術。此時優勢往往在先下手一方。實戰雙方一旦進入近距離，則戰鬥也就將近尾聲了。

優秀的拳手在實踐中總是不斷地運動，尋找並保持對自己最為有利的距離。在實戰中，正確地運用步法，可以準確地掌握與對手之間的距離，可以有效地迷惑對手、保存體力，也可以有效地進行攻防，不但使對手難以擊中自己，更可使自己輕鬆、迅速和準確地進攻對手。

（三）時 機

在一次成功的攻擊中，時機的選擇至關重要。動作再快再準，倘若時機不對也是枉然，可能會敗在對手老練的防禦之下，因此，必須具有在實戰中發現和捕捉良機的能力，準確地選擇進攻時機從而使對手無從閃避。

一旦抓住攻擊的時機，要立刻堅決果斷地給對手以重擊。三心二意、猶豫不決是極其危險的。

攻擊的時機包括兩個要素：

（1）從心理上而言，在對方出乎意料的一瞬間。

（2）從生理上而言，在對方無法自救的一瞬間。

攻擊的時機：

（1）利用假動作、誘敵等使對手露出破綻時。

（2）當對手正準備進攻但尚未動作時。尤其當對

方距離較遠時，若發動進攻則必先有所準備動作，從而暴露空檔，此時應先發制人，給對方以致命的一擊。

（3）當對手正在做動作的過程中。

（4）當對手攻擊落空之際。

（5）當雙方對峙，而對手防守鬆懈、注意力不集中時。

（6）對手轉身或背對自己時。

（7）對手重心不穩定、身體失去平衡時。

（8）對手受憤怒、恐懼、猶豫等情緒變化影響，心理失去平衡時。

（9）當外界刺激複雜，對手視線分散、注意力不集中時。

（四）攻擊

一次完美的進攻，往往是戰略、速度、時機、欺騙性和敏銳而準確判斷的有機結合。

攻擊時要在氣勢上完全壓倒對手，如猛虎撲羊般勇猛，如鷹般銳利，如狐狸般狡猾，如貓般敏捷、機警，如豹般凶狠，如眼鏡蛇般快速。

1. 攻擊時，精神與肉體的過程

（1）觀察：

觀察屬於精神活動，可分為兩部分：一是可確定的，如距離、對方的空檔等，二是本能的直覺，如預料對方的攻擊方法等。

（2）決斷：

決斷亦屬於精神活動，但此時神經與肌肉已隨時準備做動作。在這一過程中，搏擊者決定將如何攻擊，如直接進攻還是先做誘敵以及如何做假動作等。

（3）實際動作：

肌肉於瞬間做攻擊的動作，但同時也要提防對手的反擊。

2.攻擊時的感覺

肉體上的：

（1）攻擊前、攻擊中、攻擊後能保持平衡。

（2）攻擊前、攻擊中、攻擊後的嚴密防守。

（3）精力充沛。

精神上的：

（1）信心十足。

（2）培養擊中目標的強烈願望。

（3）以敏銳的洞察力和判斷力來注意對手的一舉一動。

（4）以快速的反應來應付形勢的突然變化。

（5）迅速準確地擊中移動中的目標，同時保持輕鬆自然。

進攻技術的基本要求：

（1）快。在訓練中加強速度訓練。在實戰中要保持高度的警覺，動作要精簡。

（2）狠。要掌握正確的發力方法，在瞬間爆發最大的力量。

（3）準。時機要正確、距離要適當、動作要精確，擊中敵人的有效部位。

（4）隱蔽性高。做動作沒有明顯的預兆，讓敵人無法判斷自己的攻擊招式、方向和時機。動作速度要快，且善用假動作來迷惑對手，擾亂其判斷能力。

三、雙節棍攻擊技巧

（一）搶攻技巧

搶攻是指在對手尚未採取行動之前，突然以最精簡的動作、由最直接的途徑，從出人意料的角度和時機，突然出招做單一的、直截了當的攻擊，攻擊距我最近的目標，制敵機先，往往在對方作出反應前就已經得手。

一流的搏擊家均擅長出其不意制敵於先。憑借敏銳的觀察力，洞察稍縱即逝的徵兆和破綻，閃電般地予敵以致命打擊，是謂武道的極致。

搶攻是雙節棍實戰中最重要、最常用的一種進攻方式，它最大限度地反映了棍的技術特點，也最大限度地發揮了雙節棍的技擊威力及效能，是雙節棍制敵機先、以攻為守、攻守合一搏擊特色的體現，是雙節棍搏擊的核心。

同時由於搏擊者截擊力點與對手攻擊方向是呈迎

面相對狀態，所以，更可利用兩力相撞成倍增加的殺傷力，達到重擊致勝、瞬間疾殺的目的。

搶攻，必須具備高度的洞察力，準確的時機、距離和空間感，以及高質量的出棍招法。

簡單直接中蘊含了極深的搏擊道理，是肉體、精神與招法的高度統一。研習者應細品其中真義，礪練出特色招法或殺手鐧。

其成功關鍵在於正確地掌握發招時機。必須出其不意，使敵方措手不及。

從心理角度講，就是使對方出乎意料的那一瞬間；從身體角度講，是對方無以自救的瞬間。

一般來說，搶攻的發招時機有：

（1）敵我雙方對峙，即將起動時。

（2）敵人注意力分散的瞬間。

（3）敵人蓄意攻擊時。

（4）敵人踏前的瞬間。

（5）敵人剛起勢時。

（6）敵人動作運行至半途時。

由於雙節棍占有速度上、距離上和隱蔽性上的優勢，故往往可以後發先至，先於敵人攻擊到對方。在攻擊時必須具備突發性、高速度和良好的警覺。

雙節棍與徒手搏擊的區別在於：雙節棍在距離、速度、力量及變化上均占優勢。因此，在實戰中，直截了當的搶攻運用得較多，而不需做過多的假動作欺敵。

(二)假動作技巧

儘管雙節棍講究簡捷、實效、速戰速決，但有時候僅靠簡單的直接攻擊是無法奏效的，尤其是敵人手持凶器，此時，就需要假動作來為自己的進攻創造機會。假動作是用來欺騙對手的，驅使他對你的手、腳、身體甚至眼神做出反應、調整姿勢，從而暴露出他的空檔。

假動作是優秀技擊家實現完美攻擊的最佳武器。他們常常以眼、手、身體及腿腳的虛晃來迷惑對手。一下手的輕輕揮舞、腳踏地的響聲、突然的喊叫，都有可能迷惑對方。這是人類本能的自然反應，即使是訓練有素的老手也無法完全克服這種因突然而來的外在刺激所造成的注意力分散的迷惑。

當然，要想迷惑敵人，必須經過千萬次的練習，深悉熟知何種假動作可能造成何種空檔。

真正的高手在未做假動作之前就早已知道對手可能暴露的空檔，而且在暴露之前就已計畫好下一步的攻擊行動了。

1.假動作的要素

（1）逼真：

假動作運用得是否成功，關鍵在於它看起來是否與真動作相同無異。假動作要像真的攻擊一樣，有明確的目標，假動作要快、要有表現力、威脅力。讓對方根本分不出動作的真假，自然可以任意地擺布他。

當做了幾次簡單、真實的攻擊動作，假動作的運用會更加安全有效。

（2）準確：

假動作的使用要有明確的戰術目的，切忌華而不實。

（3）簡捷：

不要做過多的假動作。

（4）多變：

不要連續使用同一種假動作。假動作要靈活多變，使對手捉摸不定。

（5）適應：

要隨機應變，隨著對手的反應而及時地調整，應付各種突發的不利局面。

假動作要用來對付較強的對手，若對手較弱，則不必使用假動作，以直接的搶攻結束戰鬥即可。

2. 假動作的作用

（1）最直接的好處在於，可以利用猛衝突進而縮短距離，並迫使對手做出反應從而贏得時間。

（2）一旦對手對假動作作出反應，就會按照你的意圖暴露其空檔。

（3）透過假動作，你可以了解對手對你的某一進攻會作何反應。若知道了何種假動作可以使對手暴露何處空檔，自可創造出有利的時機，及時準確地向其空檔發出致命的一擊。

（4）假動作可以迷惑、干擾對手的判斷，加長其

反應時間。但假動作製造的虛隙是瞬間的，必須具備快速反應的能力方能把握這一稍縱即逝的機會。

（5）從精神上、身體上、心理上壓迫對手。

（6）當對手占據主動時，可運用假動作擺脫對手。

（三）誘敵技巧

誘敵與假動作一樣都是為了欺騙和迷惑對手，為自己的進攻創造條件。假動作是設法暴露對方的空檔，而誘敵則是故意暴露自己的空檔，引誘對方來攻擊，而自己則早已做好應敵準備，乘機予以反擊。因雙節棍具有全方位的出棍技巧和豐富多變的攻擊角度，因而由此所形成的千變萬化、神出鬼沒的誘敵技法，成為雙節棍搏擊戰術應用的重要組成部分。

實力相當的生死鬥，成敗將取決於瞬間的觀察與思考。《孫子兵法》中講：「兵者，詭道也。」使用雙節棍搏擊，戰術運用的正確與否，直接關係到成敗。如果沒有正確的戰術指導，搏擊必定以失敗而告終。誘敵技法靈活的運用假動作或引誘，主動調動對方，使其暴露出弱點和虛隙，這樣我方就可利用其破綻而予以痛擊，從而達到最佳的攻擊效果。

對手在進攻狀態中總是容易露出破綻，但此時你卻往往要根據對手的進攻作出相應的防禦。因此，引誘對手攻擊，比等待他主動攻擊更為有利，可以使自己處於主動的地位。

故意露出自己的破綻引誘對手上當，在他發出攻擊後立即在防守的同時進行反擊，以假動作誘敵，使其攻擊落空，以積極的防守保護自己並創造有利條件，在他失去平衡或疏於防守之際以閃電般的技法擊中對手的空檔。

誘敵是攻擊中較為高深的戰術，必須準確地預知自己的不同空檔會引誘對手進行如何的攻擊。當誘使對手向自己發起攻擊時，也可在其做準備動作之際就出招擊敵。

使用誘敵戰術，要特別小心擅用假動作的對手，因為他的第一個攻擊可能是虛招，當你對此作出反應並進行反擊時，卻被他的真正進攻所擊中。

反擊之後要一直壓制對手，不給其絲毫喘息之機，直致將其徹底打倒。

誘敵技法有3種基本的方式：

（1）佯攻誘敵：

佯攻誘敵又包括同棍佯攻誘敵和異棍佯攻誘敵兩種，但無論是同棍佯攻或佯攻，都是採用指上打下、指左打右的戰術手段來達到技擊效果的。

逼真的佯攻動作，能在瞬間引露對方的空門，我方可藉此予以重擊。一個真正的雙節棍搏擊高手，應熟知用何種佯攻動作誘敵可產生何處空檔，並可制敵機先，施發制勝一擊。

（2）佯漏誘敵：

佯漏誘敵是指搏擊中有故意暴露自衛身某一處空

檔，使對手以習慣性動作進攻，從而使其暴露出我欲施發攻擊所需的破綻。它有助於搏擊者預知對手採取何種攻擊方式，並及時採用相應的攻防措施。

（3）挑逗誘敵：

挑逗誘敵是指利用雙節棍特有的舞花鞭擊技術在其面前揮舞挑釁，或以小幅度、輕快的鞭擊快速擊打對手離我最近的關節，激怒不輕易攻擊的支手，使其發動不明智的進攻，暴露出空檔。想要成功的實施挑逗誘敵，必須具備敏銳的洞察力、收發自如的控棍能力和熟練反擊技能。

(四) 連環攻擊技巧

連環攻擊是指以一連串的攻擊來打擊對手，通常攻擊多處部位，增加對手的防禦難度，使其無法招架而最終落敗。

可以將雙節棍招與散打運動中的拳法、腳法等配合運用，每一次進攻都可製造一個空檔令對手防不勝防。

連環攻擊時，既可以連續擊打對方的同一部位，使對方疼痛難當以至不支倒地；也可以擊打不同的部位使對方防不勝防，多處受傷。各種進攻招法的變換必須連貫流暢，不給對手任何可乘之機，並保持良好的平衡。

一旦開始發動攻擊，則必須一氣呵成，直至將對方徹底擊倒，使其失去攻擊能力。

每一次攻擊都有失手的可能，不管第一進攻是否打擊對方，都要在思想上為下一進攻作好準備。因此在每一次攻擊發出之前，都要準確地預知：如果失手，對方將採取何種防守、暴露何種空檔，自己應採取何種回棍技術、運用何種進攻棍招繼續攻擊對方；如果得手，對方將作何反應、暴露何種空檔，自己應採取何種回棍技術、運用何種進攻棍招繼續攻擊對方。

（五）消殺技巧

以攻為守、以打為消是雙節棍搏擊的妙訣，但在瞬息萬變的搏鬥中，搏擊者不可能時時刻刻占盡先機。面對強悍敵手狂衝猛打，有的更需要避其鋒芒，後發制人。一味的恃勇搶攻，不擇時而退，必將導致兩敗俱傷，最終背離武學的真義。

消殺技術主要是以退為進、以守為攻、以各種防守動作消除和閃避敵之鋒芒再伺機反擊的方法。攻與守的完美配合是搏擊素質訓練中的一項重要部分。培養全面緊湊、機動靈活的消殺技能，可謂是雙節棍研習者的首要任務之一。欲成為一名優秀的雙節棍技擊手，不僅要具備凌厲的進攻技能，還必須擁有良好的消殺技能並形成一個堅固的防禦體系，這對於最大限度地保護自身安全具有重大意義。

兵器是手臂的延伸。雙節棍防禦技巧與徒手防禦是相似的，大家可通過本書雙節棍攻防技法中的防守

招法來認真體會；同時，研習者在進行模擬練習時，可利用身法，步法調整角度或拉開距離，以取得最佳的防禦效果。

雙節棍搏擊的基本消殺技巧基本上有三種：身步法閃躲防禦法、握棍格擋防禦法和以攻為守的鞭擊式防禦法。閃躲防禦法由前後滑步、左右滑步結合身法的閃展吞吐而成，與徒手技擊法別無二致；握棍格擋防禦法主要由格擋、架、壓、封纏、絞等防守技法配合步法的移動來撥擋敵方持械的手腕和器械；以攻為守的鞭擊式防禦法是用Ｂ棍（攻擊棍）鞭擊敵方器械（包括上、中、下三路）或其持械的手腕，以打為消的方法。

四、雙節棍戰術運用

雙節棍講究精簡、直接、實效。但如遇到勢均力敵的對手，不能很快解決戰鬥時，則需要巧妙運用戰術。

戰術是一種對手有先見之前的能力。戰術基於對敵的觀察與分析，並謹慎而明智地選擇正確的攻防方法。

戰術的有效運用有賴於敏銳的洞察力、冷靜的判斷、準確的預見性、勇氣和決斷力。首先要精神專注，發覺對手的反應，預知對手的意圖，洞悉對手的

戰略。

搏擊者常可分為「呆板型」和「智慧型」兩種：「呆板型」的搏擊者在攻防上往往是一成不變的，而「智慧型」的搏擊者則會根據實戰的具體情況，毫不猶豫地改變戰術以適應對手，兩強相遇智者勝。

自己的攻防戰術必須根據對手的情況而定、隨對手的情況而改變。必須了解對手的優點及弱點，在實戰中避開對手的優點，猛攻對手的弱點。

實戰是瞬息萬變的，戰術是機動靈活的，對手是各具特色的。每個人的風格、技術、心理素質都不盡相同，因此，在實戰中應根據對手的特點來決定自己的進攻時機和進攻方式，千萬不可生搬硬套。

一個優秀的拳手，為了運用合適的打法，他不斷地根據對手的技術和格鬥方式來變換自己的戰術。每次逼近對手時，所採用的戰術都是以預先分析、充分準備和良好技術為基礎的。

力量是貫徹戰術的必備條件。但單靠力量是不能取勝的，必須靠對對手做理智的分析，然後有針對性地運用自己的技能。

實戰中，思考與動作均快如閃電，身體與心靈協調一致，智慧、勇氣、力量、速度融為一體。

切記：搏擊戰術中最基本的一點是如何利用對手的弱點。

1. 面對單個對手

雙節棍是用來自衛的，而不是惹事生非的工具，

在當今的法制社會，就盡量避免一切無謂的打鬥。在無法逃避、必須自衛的情況下，則要堅決地進行反擊，但切忌防衛過當，觸犯刑律。

首先要處變不驚、保持冷靜，在出擊前盡量不要暴露自己的進攻意圖，不讓對手有所防備，在恰當的時機以最為精簡直接的搶攻制敵於瞬間。

對付一個不懂武術的外行，他的動作往往是無節奏、無規則、難以預料的，因此，對他必須保持一定的距離小心地防禦。另一方面，他極易慌張、盲目地做動作，且動作往往過大，對此，勿用複雜的方法來攻擊，而要等待適當的時機，以簡單、快速而精純的方法進攻。

如果對手耐心、鎮靜，就不要輕易地進攻，因為其防守必然很嚴密，貿然進攻不易得手，反會暴露自己的空檔，給對方以反擊的機會。因此，應與之保持一定的距離，尋找合適的機會，使用假動作等打亂對手的防禦。

總之，一旦發現了對手的意圖，即需立刻採取相應的戰術，把握主動。

如果對手擅長躲閃，則應在攻擊前就採用緊逼、假動作或欺騙擾亂他躲閃的方法與動作節奏。

如果對手試圖採用截擊或反擊，則必須做好躲閃的準備。

在開始準備進攻時，要使用快速的滑步或單步，保持身體的平衡和步法的靈活性。實施真正的攻擊須

具有突發性、高速度、流動性和良好的時機，思維必須果斷、警覺和注重實效。對付一個冷靜的對手，自己猶需冷靜，假動作需長些；對於一慌亂的對手，自己的動作或假動作可強烈些。如果對手較為緊張，則使用短促的假動作，使其更加緊張不安。但自己要保持放鬆。

2. 面對多個對手

當面對多個對手時，應主動出擊、先發制人，最重要的是人不要讓對手一擁而上，同時向你攻擊，那樣你將左支右絀、很難防守。

（1）在對手從四周擁上來，但尚未對你形成包圍圈時，要迅速擊倒第一個撲上來的對手，然後再攻擊下一個撲上來的對手，盡量破壞對手的包圍。

（2）當對方人多勢眾，已經將你包圍時，要搶在包圍圈縮小之前就主動攻擊，先擊倒離你最近的對方或最先撲來的對手。觀察要敏銳，反應要及時、動作要迅速，不讓對手擁近你的身前。

（3）如果對手一擁而上，同時向你撲來，你可以迅速轉身揮棍橫掃一圈，逼開對手，以保持一定的距離。

（4）要密切注意身後的敵人，如果能在其欲偷襲之際將其擊倒，則不但消除後顧之憂，更可令身前的敵人膽戰心驚。

在對付多個對手時，敏銳的洞察力和判斷力是至關重要的，必須觀察每一個對手的行動，準確地分析

和判斷對手的動作，在正確的時機，以正確的動作，攻向正確的目標。在連續攻擊多個對手時，必須熟練掌握和運用各種棍招變換的技巧，如此方能隨心所欲地攻擊敵人。

3. 面對持械對手

（1）對持長械的對手

長械的特點：

①出招前常伴有舉臂、收手等準備動作，攻擊意圖較為明顯。

②出招後長械外端的運動速度極快，但中途變向的速度慢，不利於及時變招。

當敵人手持棍棒等長兵器時，採取不斷後退的防禦是十分不明智的，因為這樣不但增加了對手再次進攻的空間和時間，而且無法有效地阻止對手的攻勢，所以，應該在向前進步的同時進行防禦，貼進對手攻擊的內線，使對手無法繼續攻擊，而自己則能從容反擊。

對持長械的對手，要保持遠距離，並靈活運用各種技術閃躲、格擋、封纏、架等，攻擊的時機一般在對方即將發起攻擊時或攻擊失手後。

（2）對持短械的對手

對一名持短械的對手，應盡量發揮雙節棍的長度優勢，先保持較遠距離，在敵人欲發起攻擊而尚未近身之際便進行搶攻，擊敵人於防不勝防。

（3）對持雙節棍的對手

對一名手持雙節棍的新手，自是比較簡單。

但若對手是一名雙節棍的高手，則必需善於用閃躲等各種防守技術，在對手攻擊失效之際予以迅速反擊，還要善於運用假動作迷惑對手，使其暴露空檔或引誘其攻擊，而自己則伺機反擊。若對手揮舞雙節棍做無效的舞花動作時，其做動作的過程中也是良好的攻擊時機。

雙節棍棍招經典組合

　　消除外在不實、花巧的技巧不難，難的是消除內在地花巧不實，而趨於質樸無華、簡捷直接。

——李小龍

為了便於記憶，或者是有目的地進行訓練，組合動作或套路練習無疑是有效途徑。但反對呆板的套路練習，因為它難以對瞬息萬變的攻防動作做出相應靈活的反應。

雙節棍法，基本動作不過 10 餘個，利用各種組合，可以化出許許多多的棍型棍法來。在套路練習中，將各種棍招連在一起，棍招與棍招之間的承接與轉換，對提高控棍的技巧很有好處，可以達到協調身手，靈活步法，變換棍招，繼而達到熟能生巧，巧能生精，隨心所欲地出棍擊棍的最高境界。

套路運動的注意事項

套路應按實戰需要進行編排，其步法、進攻、防守、連貫性、用力方法等力求全面、熟練，假想敵人時，要逼真，做到一絲不苟。有時候甚至可用沙袋等物進行實用性測試，增刪一些動作，作到精益求精。同時，可以有意識地對某些動作進行強化，以形成自己的絕招，達到技術全面，特長突出的目的。

1.單棍組合

（1）右手接棍→蘇秦背劍（靠背）→8 字舞花→腋擋→左右接棍→蘇秦背劍→（2 周）劈→夾棍。

（2）右腋夾棍→蘇秦背劍→擋→蘇秦背劍→2 周夾→白蛇吐信→夾。

（3）背後握棍（翻山越嶺）→揚（身側畫一立

圓）掃→蘇秦背劍→正劈→蘇秦背劍接（背劍勢）。

（4）右腋夾棍→右上掃→左下掃→蘇秦背劍→夾。

（5）雙手擎天→左掃→換把繞棍→返回→換把繞棍→左手反接棍。

（6）左側接棍→蘇秦背劍→8字花、剪（多加一圈）→夾。

（7）右腋夾棍→揚掃肩→正劈→蘇秦背劍→夾。

（8）右側接棍→8字花→夾→射→左上掃→右後掃→左下掃→蘇秦背劍夾。

（9）右側接棍→8字剪→360°轉身掃→反把接棍。

（10）反把握棍→右旋掃（270°）→夾→右掃→蘇秦背劍夾棍。

（11）左側接棍→蘇秦背劍→左右撩（反8舞花）→翻山越嶺。

（12）雙手前後持棍→右斜劈→揚右上掃→8字花→正劈→體前接。

（13）右側接棍→劈→右蘇秦背劍左接→左上掃→右橫掃→提肘左橫掃→左蘇秦背劍接。

（14）左手持棍→翻山越嶺→揚→頸後接棍→左蘇秦背劍夾。

（15）雙手擎天→左橫掃→換把繞棍→身後接棍→左先斬後奏。

（16）右側接棍→襠後（左手）接棍→右左掃→

蘇秦背劍→威震八方→下劈→右上掃→身後接。

（17）右腋夾棍→劈→左下掃→蘇秦背劍→360°旋身掃→反把接棍。

（18）雙手前後持棍→8字剪→旋跳掃→左後掃→揚左掃右掃2次→體前接。

2.雙雙節棍組合

（1）雙夾棍勢→（左右手同時）劈→雙夾棍勢→（左手）內掃→右夾左垂勢→（右手）內掃→右夾左垂勢→（左手）前舞→（右手）劈→雙垂棍勢→（左右手同時）前舞。

（2）雙夾棍勢→（左手）劈→（右手）劈→雙夾棍勢→（左右手同時）內掃。

（3）（左手）內掃→（左手）封纏→（右手）劈。

（4）雙夾棍勢→（右手）後劈→雙夾棍勢→（左手）內掃→右夾左垂勢→（右手）劈→（左手）外掃→右夾左垂勢→（右手）劈→右夾左垂勢→（左手）內掃→（右手）劈→右夾左垂勢→（左手）內掃。

3.雙節棍套路

右手抓棍成警戒式站立→右手向上撩棍→左手右側接棍→右手向前下劈擊→腋下反彈棍向上撩擊→左手右側接棍→　向前劈擊2周夾棍→接上勢，右手持棍

向前下劈擊→ 然後向上撩擊 2 周→左手右側接棍由下
撩擊 2 周→右手左側接棍→ 右手自下向上撩擊兩周→
左手右側接棍→接上勢 右手向左下方斜劈→ 接同前
8 字舞花→順勢向右肩上回棍 2 次→ 接上勢 借右肩
反彈之力→右手持棍向前劈擊→至右腋下時反彈棍身
使棍向上撩擊→然後左後右側接棍→再向前劈擊 2 周
夾棍→接上勢 右手向前下劈擊→ 然後向上撩擊兩
周→左手自下向上撩擊 2 周→右手左側接棍→右手自
下向上撩擊 2 周→右手向左下斜劈→接著向前反 8 字
舞花 →順勢向右肩上回棍→重複 2 次

接上勢→借右肩反彈之力→持棍向前劈擊→至腋
下反彈棍身→使棍向上運轉→左手右側接棍→再向前
劈 2 周夾棍→接上勢右手向前下劈擊→接著向上提
棍→使棍身畫一弧後→左手接棍→向左上方斜撩→右
手接棍 然後向前方順勢下劈→ 提棍正 8 字舞花→接
上勢 右手向上提棍→左手右側接棍→左手自下向左
上方甩擊→向右下方斜劈→接著向左腰後側橫掃回
棍→接反彈之力向上提棍→右手左側接棍→接上勢
右手自下向右上甩擊→然後運棍使棍自下向左上斜
撩→接著向前方正 8 字舞花→順勢向前下方劈擊→接
上勢右手持棍向左側橫掃→向右側橫掃→向左側橫
掃→至左腰側時→左手換把接棍上撩→左肩反彈棍
身→使其向腋下運行 到達右手胸前換把接棍→右手
向上撩擊 2 周→然後左後右側接棍→左手運棍再向前
劈擊→至右腋下時反彈棍身 向上撩擊→成左手右側

接棍勢 →再向前劈擊兩周夾棍→然後上提棍成右接棍勢→接上勢右手向左下方斜劈→起身跳起左手反把向右下方斜劈→左上方甩擊接著向前正 8 字舞花→再運棍向右上方斜抽→然後向左腰後側掃擊回棍→成為右手右後側接棍勢→接上勢右手持棍運腕上揚→轉腰勢棍身向上撩擊畫弧後向左下斜劈→右上甩擊→左下斜劈→重複 13、14 做一遍

　　→接上勢向前正 8 字舞花 順勢剪棍兩周成夾棍勢→右手右上甩擊→左下斜劈右上甩擊→順勢夾棍→接上勢向左上方斜抽→右下方劈擊左側橫掃右上甩擊→接上勢 右手持棍向前正 8 字舞花剪棍→同時左後轉身左腿抬起→右腳蹬地向左後方跳起→右手借轉身之力用力劈掃→順勢抖腕上撩斜劈→重複 2 次

　　→右手持棍在頭頂旋轉→兩周後向後方斜劈→然後向前方甩擊→接著向前下劈擊腋下反彈棍→身體迅速向右後方旋身一周→同時帶動右手頭頂旋掃一周→成夾棍勢然後收棍→左腳後撤成立正姿勢結束。

大展出版社有限公司
品冠文化出版社

圖書目錄

地址：台北市北投區 (石牌)　　　電話：(02) 28236031
　　　致遠一路二段 12 巷 1 號　　　　　　28236033
郵撥：01669551＜大展＞　　　　　　　　28233123
　　　19346241＜品冠＞　　　傳真：(02) 28272069

・熱 門 新 知・品冠編號 67

1.	圖解基因與 DNA	（精）	中原英臣主編	230 元
2.	圖解人體的神奇	（精）	米山公啟主編	230 元
3.	圖解腦與心的構造	（精）	永田和哉主編	230 元
4.	圖解科學的神奇	（精）	鳥海光弘主編	230 元
5.	圖解數學的神奇	（精）	柳 谷 晃著	250 元
6.	圖解基因操作	（精）	海老原充主編	230 元
7.	圖解後基因組	（精）	才園哲人著	230 元
8.	圖解再生醫療的構造與未來		才園哲人著	230 元
9.	圖解保護身體的免疫構造		才園哲人著	230 元

・生 活 廣 場・品冠編號 61

1.	366 天誕生星	李芳黛譯	280 元
2.	366 天誕生花與誕生石	李芳黛譯	280 元
3.	科學命相	淺野八郎著	220 元
4.	已知的他界科學	陳蒼杰譯	220 元
5.	開拓未來的他界科學	陳蒼杰譯	220 元
6.	世紀末變態心理犯罪檔案	沈永嘉譯	240 元
7.	366 天開運年鑑	林廷宇編著	230 元
8.	色彩學與你	野村順一著	230 元
9.	科學手相	淺野八郎著	230 元
10.	你也能成為戀愛高手	柯富陽編著	220 元
11.	血型與十二星座	許淑瑛編著	230 元
12.	動物測驗—人性現形	淺野八郎著	200 元
13.	愛情、幸福完全自測	淺野八郎著	200 元
14.	輕鬆攻佔女性	趙奕世編著	230 元
15.	解讀命運密碼	郭宗德著	200 元
16.	由客家了解亞洲	高木桂藏著	220 元

・女醫師系列・品冠編號 62

1.	子宮內膜症	國府田清子著	200 元
2.	子宮肌瘤	黑島淳子著	200 元

3. 上班女性的壓力症候群	池下育子著	200 元
4. 漏尿、尿失禁	中田真木著	200 元
5. 高齡生產	大鷹美子著	200 元
6. 子宮癌	上坊敏子著	200 元
7. 避孕	早乙女智子著	200 元
8. 不孕症	中村春根著	200 元
9. 生理痛與生理不順	堀口雅子著	200 元
10. 更年期	野末悅子著	200 元

・傳統民俗療法・ 品冠編號 63

1. 神奇刀療法	潘文雄著	200 元
2. 神奇拍打療法	安在峰著	200 元
3. 神奇拔罐療法	安在峰著	200 元
4. 神奇艾灸療法	安在峰著	200 元
5. 神奇貼敷療法	安在峰著	200 元
6. 神奇薰洗療法	安在峰著	200 元
7. 神奇耳穴療法	安在峰著	200 元
8. 神奇指針療法	安在峰著	200 元
9. 神奇藥酒療法	安在峰著	200 元
10. 神奇藥茶療法	安在峰著	200 元
11. 神奇推拿療法	張貴荷著	200 元
12. 神奇止痛療法	漆 浩 著	200 元
13. 神奇天然藥食物療法	李琳編著	200 元

・常見病藥膳調養叢書・ 品冠編號 631

1. 脂肪肝四季飲食	蕭守貴著	200 元
2. 高血壓四季飲食	秦玖剛著	200 元
3. 慢性腎炎四季飲食	魏從強著	200 元
4. 高脂血症四季飲食	薛輝著	200 元
5. 慢性胃炎四季飲食	馬秉祥著	200 元
6. 糖尿病四季飲食	王耀獻著	200 元
7. 癌症四季飲食	李忠著	200 元
8. 痛風四季飲食	魯焰主編	200 元
9. 肝炎四季飲食	王虹等著	200 元
10. 肥胖症四季飲食	李偉等著	200 元
11. 膽囊炎、膽石症四季飲食	謝春娥著	200 元

・彩色圖解保健・ 品冠編號 64

1. 瘦身	主婦之友社	300 元
2. 腰痛	主婦之友社	300 元
3. 肩膀痠痛	主婦之友社	300 元

4. 腰、膝、腳的疼痛	主婦之友社	300元
5. 壓力、精神疲勞	主婦之友社	300元
6. 眼睛疲勞、視力減退	主婦之友社	300元

·心想事成· 品冠編號65

1. 魔法愛情點心	結城莫拉著	120元
2. 可愛手工飾品	結城莫拉著	120元
3. 可愛打扮 & 髮型	結城莫拉著	120元
4. 撲克牌算命	結城莫拉著	120元

·少年偵探· 品冠編號66

1. 怪盜二十面相	（精）	江戶川亂步著	特價 189元
2. 少年偵探團	（精）	江戶川亂步著	特價 189元
3. 妖怪博士	（精）	江戶川亂步著	特價 189元
4. 大金塊	（精）	江戶川亂步著	特價 230元
5. 青銅魔人	（精）	江戶川亂步著	特價 230元
6. 地底魔術王	（精）	江戶川亂步著	特價 230元
7. 透明怪人	（精）	江戶川亂步著	特價 230元
8. 怪人四十面相	（精）	江戶川亂步著	特價 230元
9. 宇宙怪人	（精）	江戶川亂步著	特價 230元
10. 恐怖的鐵塔王國	（精）	江戶川亂步著	特價 230元
11. 灰色巨人	（精）	江戶川亂步著	特價 230元
12. 海底魔術師	（精）	江戶川亂步著	特價 230元
13. 黃金豹	（精）	江戶川亂步著	特價 230元
14. 魔法博士	（精）	江戶川亂步著	特價 230元
15. 馬戲怪人	（精）	江戶川亂步著	特價 230元
16. 魔人銅鑼	（精）	江戶川亂步著	特價 230元
17. 魔法人偶	（精）	江戶川亂步著	特價 230元
18. 奇面城的秘密	（精）	江戶川亂步著	特價 230元
19. 夜光人	（精）	江戶川亂步著	特價 230元
20. 塔上的魔術師	（精）	江戶川亂步著	特價 230元
21. 鐵人Q	（精）	江戶川亂步著	特價 230元
22. 假面恐怖王	（精）	江戶川亂步著	特價 230元
23. 電人M	（精）	江戶川亂步著	特價 230元
24. 二十面相的詛咒	（精）	江戶川亂步著	特價 230元
25. 飛天二十面相	（精）	江戶川亂步著	特價 230元
26. 黃金怪獸	（精）	江戶川亂步著	特價 230元

·武術特輯· 大展編號10

| 1. 陳式太極拳入門 | 馮志強編著 | 180元 |
| 2. 武式太極拳 | 郝少如編著 | 200元 |

3. 中國跆拳道實戰 100 例	岳維傳著	220 元
4. 教門長拳	蕭京凌編著	150 元
5. 跆拳道	蕭京凌編譯	180 元
6. 正傳合氣道	程曉鈴譯	200 元
8. 格鬥空手道	鄭旭旭編著	200 元
9. 實用跆拳道	陳國榮編著	200 元
10. 武術初學指南	李文英、解守德編著	250 元
11. 泰國拳	陳國榮著	180 元
12. 中國式摔跤	黃 斌編著	180 元
13. 太極劍入門	李德印編著	180 元
14. 太極拳運動	運動司編	250 元
15. 太極拳譜	清・王宗岳等著	280 元
16. 散手初學	冷 峰編著	200 元
17. 南拳	朱瑞琪編著	180 元
18. 吳式太極劍	王培生著	200 元
19. 太極拳健身與技擊	王培生著	250 元
20. 秘傳武當八卦掌	狄兆龍著	250 元
21. 太極拳論譚	沈 壽著	250 元
22. 陳式太極拳技擊法	馬 虹著	250 元
23. 三十四式太極拳 三十二式太極劍	闞桂香著	180 元
24. 楊式秘傳 129 式太極長拳	張楚全著	280 元
25. 楊式太極拳架詳解	林炳堯著	280 元
26. 華佗五禽劍	劉時榮著	180 元
27. 太極拳基礎講座：基本功與簡化 24 式	李德印著	250 元
28. 武式太極拳精華	薛乃印著	200 元
29. 陳式太極拳拳理闡微	馬 虹著	350 元
30. 陳式太極拳體用全書	馬 虹著	400 元
31. 張三豐太極拳	陳占奎著	200 元
32. 中國太極推手	張 山主編	300 元
33. 48 式太極拳入門	門惠豐編著	220 元
34. 太極拳奇人奇功	嚴翰秀編著	250 元
35. 心意門秘籍	李新民編著	220 元
36. 三才門乾坤戊己功	王培生編著	220 元
37. 武式太極劍精華＋VCD	薛乃印編著	350 元
38. 楊式太極拳	傅鐘文演述	200 元
39. 陳式太極拳、劍 36 式	闞桂香編著	250 元
40. 正宗武式太極拳	薛乃印著	220 元
41. 杜元化＜太極拳正宗＞考析	王海洲等著	300 元
42. ＜珍貴版＞陳式太極拳	沈家楨著	280 元
43. 24 式太極拳＋VCD	中國國家體育總局著	350 元
44. 太極推手絕技	安在峰編著	250 元
45. 孫祿堂武學錄	孫祿堂著	300 元
46. ＜珍貴本＞陳式太極拳精選	馮志強著	280 元
47. 武當趙堡太極拳小架	鄭悟清傳授	250 元

48. 太極拳習練知識問答　　　　　邱丕相主編　220 元
49. 八法拳　八法槍　　　　　　　武世俊著　220 元
50. 地趟拳＋VCD　　　　　　　　張憲政著　350 元
51. 四十八式太極拳＋DVD　　　　楊　靜演示　400 元
52. 三十二式太極劍＋VCD　　　　楊　靜演示　300 元
53. 隨曲就伸　中國太極拳名家對話錄　余功保著　300 元
54. 陳式太極拳五功八法十三勢　　闞桂香著　200 元
55. 六合螳螂拳　　　　　　　　　劉敬儒等著　280 元
56. 古本新探華佗五禽戲　　　　　劉時榮編著　180 元
57. 陳式太極拳養生功＋VCD　　　陳正雷著　350 元
58. 中國循經太極拳二十四式教程　李兆生著　300 元
59. ＜珍貴本＞太極拳研究　　唐豪・顧留馨著　250 元
60. 武當三豐太極拳　　　　　　　劉嗣傳著　300 元
61. 楊式太極拳體用圖解　　　　　崔仲三編著　400 元
62. 太極十三刀　　　　　　　　　張耀忠編著　230 元
63. 和式太極拳譜＋VCD　　　　　和有祿編著　450 元
64. 太極內功養生術　　　　　　　關永年著　300 元
65. 養生太極推手　　　　　　　　黃康輝編著　280 元
66. 太極推手祕傳　　　　　　　　安在峰編著　300 元
67. 楊少侯太極拳用架真詮　　　　李璉編著　280 元
68. 細說陰陽相濟的太極拳　　　　林冠澄著　350 元
69. 太極內功解祕　　　　　　　　祝大彤編著　280 元
70. 簡易太極拳健身功　　　　　　王建華著　200 元
71. 楊氏太極拳真傳　　　　　　　趙斌等著　380 元
72. 李子鳴傳梁式直趟八卦六十四散手掌　張全亮編著　200 元
73. 炮捶　陳式太極拳第二路　　　顧留馨著　330 元

・彩色圖解太極武術・ 大展編號 102

1. 太極功夫扇　　　　　　　　　李德印編著　220 元
2. 武當太極劍　　　　　　　　　李德印編著　220 元
3. 楊式太極劍　　　　　　　　　李德印編著　220 元
4. 楊式太極刀　　　　　　　　　王志遠著　220 元
5. 二十四式太極拳（楊式）＋VCD　李德印編著　350 元
6. 三十二式太極劍（楊式）＋VCD　李德印編著　350 元
7. 四十二式太極劍＋VCD　　　　李德印編著　350 元
8. 四十二式太極拳＋VCD　　　　李德印編著　350 元
9. 16 式太極拳 18 式太極劍＋VCD　崔仲三著　350 元
10. 楊氏 28 式太極拳＋VCD　　　趙幼斌著　350 元
11. 楊式太極拳 40 式＋VCD　　　宗維潔編著　350 元
12. 陳式太極拳 56 式＋VCD　　　黃康輝等著　350 元
13. 吳式太極拳 45 式＋VCD　　　宗維潔編著　350 元
14. 精簡陳式太極拳 8 式、16 式　　黃康輝編著　220 元
15. 精簡吳式太極拳＜36 式拳架・推手＞　柳恩久主編　220 元

16. 夕陽美功夫扇	李德印著	220 元
17. 綜合 48 式太極拳＋VCD	竺玉明編著	350 元
18. 32 式太極拳（四段）	宗維潔演示	220 元

・國際武術競賽套路・大展編號 103

1. 長拳	李巧玲執筆	220 元
2. 劍術	程慧琨執筆	220 元
3. 刀術	劉同為執筆	220 元
4. 槍術	張躍寧執筆	220 元
5. 棍術	殷玉柱執筆	220 元

・簡化太極拳・大展編號 104

1. 陳式太極拳十三式	陳正雷編著	200 元
2. 楊式太極拳十三式	楊振鐸編著	200 元
3. 吳式太極拳十三式	李秉慈編著	200 元
4. 武式太極拳十三式	喬松茂編著	200 元
5. 孫式太極拳十三式	孫劍雲編著	200 元
6. 趙堡太極拳十三式	王海洲編著	200 元

・導引養生功・大展編號 105

1. 疏筋壯骨功＋VCD	張廣德著	350 元
2. 導引保建功＋VCD	張廣德著	350 元
3. 頤身九段錦＋VCD	張廣德著	350 元
4. 九九還童功＋VCD	張廣德著	350 元
5. 舒心平血功＋VCD	張廣德著	350 元
6. 益氣養肺功＋VCD	張廣德著	350 元
7. 養生太極扇＋VCD	張廣德著	350 元
8. 養生太極棒＋VCD	張廣德著	350 元
9. 導引養生形體詩韻＋VCD	張廣德著	350 元
10. 四十九式經絡動功＋VCD	張廣德著	350 元

・中國當代太極拳名家名著・大展編號 106

1. 李德印太極拳規範教程	李德印著	550 元
2. 王培生吳式太極拳詮真	王培生著	500 元
3. 喬松茂武式太極拳詮真	喬松茂著	450 元
4. 孫劍雲孫式太極拳詮真	孫劍雲著	350 元
5. 王海洲趙堡太極拳詮真	王海洲著	500 元
6. 鄭琛太極拳道詮真	鄭琛著	450 元

・古代健身功法・ 大展編號 107

1. 練功十八法   蕭凌編著   200 元
2. 十段錦運動   劉時榮編著   180 元
3. 二十八式長壽健身操   劉時榮著   180 元

・太極跤・ 大展編號 108

1. 太極防身術   郭慎著   300 元

・名師出高徒・ 大展編號 111

1. 武術基本功與基本動作   劉玉萍編著   200 元
2. 長拳入門與精進   吳彬等著   220 元
3. 劍術刀術入門與精進   楊柏龍等著   220 元
4. 棍術、槍術入門與精進   邱丕相編著   220 元
5. 南拳入門與精進   朱瑞琪編著   220 元
6. 散手入門與精進   張山等著   220 元
7. 太極拳入門與精進   李德印編著   280 元
8. 太極推手入門與精進   田金龍編著   220 元

・實用武術技擊・ 大展編號 112

1. 實用自衛拳法   溫佐惠著   250 元
2. 搏擊術精選   陳清山等著   220 元
3. 秘傳防身絕技   程崑彬著   230 元
4. 振藩截拳道入門   陳琦平著   220 元
5. 實用擒拿法   韓建中著   220 元
6. 擒拿反擒拿 88 法   韓建中著   250 元
7. 武當秘門技擊術入門篇   高翔著   250 元
8. 武當秘門技擊術絕技篇   高翔著   250 元
9. 太極拳實用技擊法   武世俊著   220 元
10. 奪凶器基本技法   韓建中著   220 元
11. 峨眉拳實用技擊法   吳信良著   280 元

・中國武術規定套路・ 大展編號 113

1. 螳螂拳   中國武術系列   300 元
2. 劈掛拳   規定套路編寫組   300 元
3. 八極拳   國家體育總局   250 元
4. 木蘭拳   國家體育總局   230 元

國家圖書館出版品預行編目資料

實用雙節棍／吳志勇　編著
　　　——初版，——臺北市，大展，2005〔民94〕
　　　面；21公分，——（武術特輯；7）
　　　ISBN　957-468-424-5（平裝）

1.武術—中國
528.974　　　　　　　　　　　　　　94020533

實用雙節棍

ISBN 957-468-424-5

編 著 者／吳 志 勇
責任編輯／譚 學 軍
發 行 人／蔡 森 明
出 版 者／大展出版社有限公司
社　　 址／台北市北投區（石牌）致遠一路2段12巷1號
電　　 話／（02）28236031・28236033・28233123
傳　　 真／（02）28272069
郵政劃撥／01669551
網　　 址／www.dah-jaan.com.tw
E - mail ／service@dah-jaan.com.tw
登 記 證／局版臺業字第2171號
承 印 者／高星印刷品行
裝　　 訂／建鑫印刷裝訂有限公司
排 版 者／弘益電腦排版有限公司
授 權 者／湖北科學技術出版社
初版1刷／2005年（民94年）12月

定　　 價／200元

大展好書　好書大展
品嘗好書　冠群可期